Überlieferungen des Propheten stammen von den authentischen Sammlungen und traditionellen Sufierzählungen. *Die Geschichte von der Melonenstadt* aus mündlichen Quellen Afghanistans. *Hochmütig und freigebig* von einem Geschichtenerzähler aus Khanabad. *Definitionen* aus der Weisheit des Mulla Do-Piaza. *Die Abenteuer des Mulla Nasrudin* aus mündlichen Quellen vom Autor gesammelt. *Reise im Roten Meer* und *Pilgerfahrt nach Mekka* aus »Destination Mecca« von Idries Shah. *Gastfreundschaft* nach einer mündlich überlieferten Legende. *Der Mann, die Schlange und der Stein* aus Derwischrezitationen. *Die Mongolen* aus dem Tischgespräch des Khoja Anis. *Das Zauberpferd* aus der Sarmuni-Sammlung. Überlieferungen und Sprichwörter vom Autor gesammelt. *Bagdad* und *In Spanien* aus Gibbons »Decline and Fall«. *Der Prinz der Dunkelheit* und *Der betrogene Tod* wurden von Anima Ali-Shah beigetragen. *Mushkil Gusha* von Geschichtenerzählern. Andere Auszüge ohne Zuschreibung sind orginal oder entstammen Volkserzählungen.

Idries Shah

Karawane der Träume

Lehren und Legenden des Ostens

Aus dem Englischen von
René und Clivia Taschner

WILHELM HEYNE VERLAG
MÜNCHEN

SPHINX BEI HEYNE
Herausgegeben von Michael Görden
13/3036

Besuchen Sie uns im Internet:
http://www.heyne.de

Umwelthinweis:
Dieses Buch wurde auf
chlor- und säurefreiem Papier gedruckt.

Copyright © 1968 by Idries Shah
Dieses Buch erschien zuerst 1982 im Sphinx Verlag, Basel
Copyright © 1995 by Heinrich Hugendubel Verlag, München
Alle Rechte vorbehalten.
Genehmigte Taschenbuchlizenzausgabe 1998 im
Wilhelm Heyne Verlag GmbH & Co. KG, München
Printed in Germany 1998
Umschlaggestaltung: Atelier Bachmann & Seidel, Reischach
Umschlagabbildung: Archiv für Kunst und Geschichte, Berlin
Technische Betreuung: Sibylle Hartl
Satz: Pinkuin Satz- und Datentechnik, Berlin
Druck und Bindung: Elsnerdruck, Berlin

ISBN 3-453-14119-9

*Für
Kashfi, Saira, Safia
und
Tahir Shah*

Da befinden wir uns alle: in einer Traum-Karawane.
Eine Karawane und dennoch ein Traum – ein Traum und dennoch eine Karawane.
Und wir wissen, welches die Träume sind.
Darin liegt die Hoffnung.

Unser Lehrer Bahaudin, El Shah

Der Hund mag bellen, aber die Karawane zieht weiter.

Sprichwort

Inhalt

Vorwort	11
Überlieferungen des Propheten	14
Abenteuer des Mulla Nasrudin	30
Reise im Roten Meer	38
Pilgerfahrt nach Mekka	58
Gedanken Omar Khayyams	84
Meditationen Rumis	88

KURZGESCHICHTEN

Die Geschichte von der Melonenstadt	92
Hochmütig und freigebig	95
Die Goldkassetten	97
Der Niedrigste aller Araber	100
Der Mann, die Schlange und der Stein	101
Der Wert von Königreichen	106
Das Zauberpferd	107
Der Prinz der Dunkelheit	121
Begegnung in einer Einsiedelei	126
Das Heiligengrab	130
Mushkil Gusha	133
Die Geschichte von Mushkil Gusha	135
Der betrogene Tod	143
Die drei Scharfsinnigen	148

AUSZÜGE

Definitionen des Mulla Do-Piaza	152
Die beiden Brüder	154

Der Engel und der Wohltäter	155
Gastfreundschaft	157
Die Mongolen	158
Brief einer Königin	160
Die Artillerie	161
Jan-Fishan Khans Gefälligkeit	163
Omar und der Weintrinker	164
Die richtigen Kanäle	165
In Spanien	166
Bagdad	168
Der Kommandant der Gläubigen	171
Die Marzipankugel	173
Ahmad Husein und der Kaiser	176
Der König, der Sufi und der Wundarzt	178
Ehrensache	180
Der Puls der Prinzessin	181
Maulana, der Derwisch	184
Selbstbetrug	185
Das Kamel und das Zelt	186
Der Fluch	188
Angenehm und Unangenehm	189
Khwaja Ahrar	190
Saadi: Über die Mißgunst	192
Hazrat Bahaudin Naqshband	194
Das Gebet	196
Der Reiter in Eile	198
Rang und Nation	199
Briefe	200
Die Stimme	202
Die vier Männer und der Dolmetscher	203
Die Sultane und der Steuerzahler	205
Der Dieb	207
Doppelt sehen	208
Warum?	209
Jusuf, Sohn des Husein	210
Warum sich der Derwisch verbirgt	212

Der Hund und die Derwische	213
Das Gebet und der Fluch des Derwischs	214
Begegnung mit dem Teufel	216
Der Bart des Derwischs	217
Die Ameisen und die Feder	219
Wer erkannte den Meister?	221
Salomo, der Moskito und der Wind	223
Die Bienen und der hohle Baum	225
Die Wirkung – und der Gebrauch – von Musik	227
Die Bekenntnisse des Johannes von Antiochia	229
Stilles Lehren	232
Drei Dinge	233
Tischgespräche von Idries Shah	234

Vorwort

In einer der besten Erzählungen aus *1001 Nacht* hängt Maruf der Schuhflicker einem Tagtraum nach – er träumt von seiner legendären, mit Reichtümern beladenen Karawane.

In einem fremden Land, mittellos und beinahe ohne Freunde, stellt sich Maruf zunächst im Geist – und später beschreibend – eine unglaublich kostbare Fracht vor, die sich auf dem Weg zu ihm befindet.

Statt dem Elend und der Ungnade anheimzufallen, fand Maruf in dieser Vorstellung den Anfang zu seinem schließlichen Erfolg. Die in Gedanken vorhandene Karawane nahm Formen an, wurde eine Zeitlang Wirklichkeit – und traf ein.

Möge auch Ihre Karawane der Träume den Weg zu Ihnen finden.

Idries Shah

Überlieferungen des Propheten

Überlieferungen des Propheten

Viele werden es kaum glauben, daß – mehr als tausenddreihundert Jahre nach dessen Tod – in keiner westlichen Sprache eine vollständige Sammlung der Überlieferungen des Propheten Mohammed vorliegt; und dies, obgleich die Worte von nahezu jedem anderen großen Lehrer der Menschheit in leichtfaßlicher Form greifbar sind.

Natürlich gibt es auf arabisch und persisch verschiedene anerkannte Sammlungen dieser Art – sie alle sind das Ergebnis unermüdlichen Zusammentragens, Verifizierens und Übermittelns von Überlieferungen des Propheten.

Statistische Angaben über die Arbeit bemerkenswerter Überlieferer beeindrucken auch dann, wenn sie nach neuzeitlichen Maßstäben gemessen werden. Mehr als hundertsiebzig der bedeutendsten Überlieferer des Islams waren Frauen. Beim Zusammentragen seiner maßgeblichen Sammlung überprüfte der Imam Buchari persönlich mehr als sechshunderttausend Zeugenaussagen auf deren Genauigkeit, um schließlich eine Auswahl von ungefähr fünftausend als unbestreitbar authentisch erachteten Überlieferungen zu treffen.

Ibn Rustam gab für die Forschungsarbeit zur Verifizierung von Überlieferungen eine Summe aus, die dem heutigen Wert von einer Viertelmillion Pfund Sterling entspricht; Abu Daud sammelte in zwanzigjähriger Arbeit fünftausend echte Aussagen des Propheten. Asim Ibn Ali stand als Überlieferer in so hohem Ansehen, daß seine Vorlesungen zeitweise von hundertzwanzigtausend Studenten besucht wurden. Das Analysieren von Überlieferungen im Hinblick auf deren Echtheit entwickelte sich zu einer Wissenschaft: Allein Ibn Jauzi schrieb zweihundertfünfzig Bücher zu diesem Thema.

Die folgende Auswahl umfaßt Beispiele aus der Sammlung des Baghawi von Herat (Afghanistan), dessen *Mishkat* im gesamten Osten als Standardwerk bezeichnet wird.

Worte des Propheten

Vertrauen
Vertraue auf Gott – aber binde zuerst dein Kamel fest.

Die Welt
Begegne der Welt so wie ich, wie ein Wanderer; wie ein Reiter, der für eine Weile im Schatten eines Baumes anhält, um danach weiterzuziehen.

Gegenstände
Es ist deine Bindung an Gegenstände, die dich blind und taub macht.

Schlaf
Der Schlaf ist der Bruder des Todes.

Widerspiegelung
Die Gläubigen sind Spiegel – einer widerspiegelt sich im andern.

Frauen
Die Frauen sind die Zwillingshälften der Männer.

Zurückgezogenheit
Wer immer in die Zurückgezogenheit der Menschen eindringt, verdirbt letztere.

Gattin
Eine tugendsame Gattin ist der größte Schatz, den ein Mann sein eigen nennen kann.

Unterdrückung
Wenn Unterdrückung herrscht, stirbt sogar der Vogel in seinem Nest.

Liebe
Glaubst du, deinen Schöpfer zu lieben? Liebe zuerst deinen Mitmenschen.

Verteilung
Gott ist es, der gibt – ich bin bloß Verteiler.

Andern helfen
Ich befehle dir, jedem Bedrängten beizustehen, mag er nun ein Moslem sein oder nicht.

Klösterliches
Kein Klosterleben im Islam.

Die Frommen
Mein Rücken ist von »frommen« Menschen gebrochen worden.

Verfluchung
Du bittest mich, Ungläubige zu verfluchen. Aber ich bin nicht gesandt worden, um zu verfluchen.

Lehren
Was uns eine einzige Stunde lehrt, ist besser, als eine ganze Nacht lang beten.

Tag und Nacht
Die Nacht ist lang: Verkürze sie nicht mit Schlafen. Der Tag ist hell: Verdunkle ihn nicht mit Missetaten.

Bescheidenheit
Bescheidenheit und Höflichkeit sind Bestandteile der Ehrfurcht.

Neid
Neid verzehrt die guten Taten so, wie das Feuer den Brennstoff.

Der Gelehrte
Wer immer den Gelehrten ehrt, ehrt mich.

Armut
Meine Armut ist mein Stolz.

Tod
Stirb vor deinem Tod.

Die Zunge
Der Mensch stolpert mehr über seine Zunge als über seine Füße.

Begehren
Begehre nicht nach der Welt, und Gott wird dich lieben. Begehre nicht nach dem Besitz anderer, und sie werden dich lieben.

Stolz und Großmut
Der Stolz auf seine Vorfahren ist von wahrlich subjektiver Bedeutung. Großmut ist eine Spielart der Ehrfurcht.

Praktisches Tun
Wer sind die Gelehrten? Jene, die ihr Wissen im praktischen Tun anwenden.

Güte
Wer keine Güte besitzt, hat keinen Glauben.

Fürsten und Schüler
Der beste aller Fürsten ist jener, der den Weisen aufsucht. Der schlechteste aller Schüler ist jener, der sich zu den Fürsten begibt.

Zorn
Du erbittest einen Ratschlag. Ich sage dir: »Werde nicht zornig.« Derjenige ist stark, der sich dem Zorn entziehen kann.

Der Richter
Ein Mensch, dazu bestimmt, Richter zu sein, ist ohne Messer getötet worden.

Kampf
Der heilige Kämpfer ist jener, der mit sich selbst kämpft.

Tinte und Blut
Die Tinte des Gelehrten ist heiliger als das Blut des Märtyrers.

Kontemplation
Eine Stunde Kontemplation ist besser als ein Jahr Andacht.

Verständnis
Sprich mit jedem Menschen gemäß dem Grad seines Verständnisses.

Nahrung
Keine Nahrung schmeckt besser als jene, die man durch eigene Arbeit verdient hat.

Arbeit
Ich bin ein Arbeiter!

Beschuldigungen
Jeder, der seinen Bruder wegen einer Sünde schmäht, wird nicht sterben, ehe er diese Sünde nicht selbst begeht.

Paradies
Für das Paradies werde ich Bürgschaft leisten, falls du dich vor sechs Dingen hütest: Unwahres sagen; Versprechen nicht einhalten; Vertrauen mißachten; Unsittliches denken und tun; den ersten Stein werfen; Schlechtes und Unrechtmäßiges wählen.

Aufgaben
Wer immer all seine Aufgaben zu einer einzigen Aufgabe macht, dem wird Gott bei seinen anderen Angelegenheiten beistehen.

Dichtkunst
Einigen Gedichten wohnt Weisheit inne.

Lügen, Versprechen, Vertrauen
Jener gehört nicht zu mir, der lügt, ein Versprechen nicht hält oder nicht vertrauenswürdig ist.

Gedanken
Gute Gedanken sind ein Teil der Verehrung Gottes.

Das Sehen der Gläubigen
Die Gläubigen sehen mit dem Lichte Gottes.

Verhaltensweise
Ich bin wie ein Mensch, der ein Feuer entfacht hat, und all die kriechenden Wesen sind geeilt, sich darin selber zu verbrennen.

Der Koran
Der Koran ist in siebenfacher Gestalt geoffenbart worden. Jede Sure hat eine innere und eine äußere Bedeutung.

Verpflichtung zu lernen
Das Streben nach Wissen ist für jeden Moslem Pflicht.

Jugend im Paradies
Alte Frauen werden nicht ins Paradies gelangen: zuerst wird ihnen Jugend und Schönheit verliehen.

Eine Reise
Auf einer Reise ist der Gebieter eines Volkes dessen Diener.

Erkennung
Seelen, die sich gegenseitig erkennen, scharen sich zusammen. Jene, die sich nicht erkennen, streiten miteinander.

Wahrheit
Dem Ungerechten die Wahrheit entgegenhalten, ist der vornehmste aller heiligen Kriege.

Wissen
Reise sogar bis nach China, um Wissen zu erlangen.

Die Zeit wird kommen
Die Zeit wird kommen, wo ihr in zweiundsiebzig Konfessionen aufgeteilt sein werdet. Eine Gruppe unter euch wird mein Volk sein – das Volk der Erlösung.

Das Vermächtnis
Ich habe nichts, das ich euch hinterlassen kann, außer meiner Familie.

Beweggründe

Der Bote Allahs sprach:
   Am Tag des Jüngsten Gerichts wird ein Märtyrer vor den Thron Gottes geführt. Der Mann wird sagen: »Ich habe für deine Sache gekämpft – bis zum Märtyrertod.«
   Gott aber wird antworten: »Du bist ein Lügner. Du kämpf-

test, damit man dich als Helden bezeichnet – und die Menschen *haben* dich einen Helden genannt.«

Er wird in die Hölle eingehen.

Danach wird ein Gelehrter des Korans vor den Thron Gottes geführt, und der Gelehrte wird sagen: »Um deinetwillen habe ich den Koran gelesen und studiert.«

Gott wird ihm erwidern: »Du bist ein Lügner. Du hast dir Gelehrsamkeit angeeignet, damit dich die Menschen als Gelehrten bezeichnen – sie *haben* dich einen Gelehrten genannt.«

Er wird in die Hölle eingehen.

Nun wird ein Reicher herbeigeführt. Dieser wird folgendes sagen: »Ich habe großmütig gegeben, auf daß die von dir gewünschte Freigebigkeit stets zunehme.«

Gott wird antworten: »Du bist ein Lügner. Du tatest dies, um bei den Menschen als großmütiger Mann zu gelten – und sie *haben* dich großmütig genannt.«

Er wird in die Hölle eingehen.

Aus dem Mishkat
Die Totenbahre eines Juden wurde vorbeigetragen. Der Bote erhob sich respektvoll. Einer bemerkte: »Das ist der Leichnam eines Juden.« Der Prophet erwiderte: »Ist es nicht eine Seele?«

Abu Musas hält fest:
Der Prophet sprach: »Gib dem Hungrigen zu essen, suche jene auf, die krank sind, befreie den Gefangenen.«

Wenn einer lernt, um mit den Weisen zu streiten, mit den Verrückten zu disputieren oder um die Aufmerksamkeit auf sich zu ziehen, den wird Allah in die Hölle schicken.

Die Menschen werden aus allen Teilen der Welt kommen, um den Glauben zu verstehen. Falls sie zu dir kommen, gib ihnen rechte Kunde.

Wer ohne Güte ist, ist ohne Gott.

Aisha berichtet:
Vor die Wahl gestellt, nahm der Bote Gottes stets den geringeren von zwei Gegenständen.

Der Gesandte flickte seine Sandalen, verrichtete seine Arbeit selbst, verhielt sich im Haus wie jeder andere.

Abdulla, Sohn Hariths, erklärt:
Ich habe nie jemand gesehen, der mehr lächelte als der Gesandte Allahs.

Anas bekundet:
Ich habe nie jemand gesehen, der mit Kindern freundlicher war als der Bote Gottes.

Mu'ad erinnert sich:
Die letzten Worte, die der Bote an mich richtete, lauteten: »Behandle die Menschen gut, Mu'ad!«

Erste Offenbarungen des Korans

Des Propheten erste Verbindung mit dem Göttlichen offenbarte sich in einer Vision, die er im Schlaf hatte. Sie war wie das Licht des anbrechenden Tages.

Er pflegte sich für einige Tage in die Höhle auf dem Berg Hira zurückzuziehen, wo er sich der Andacht hingab, bis ihn die Sehnsucht nach seiner Familie wieder nach Hause führte. Er nahm Nahrung mit nach Hira.

Dort, auf Hira, erschien ihm der Engel und sprach: »Lies!« Er aber erwiderte: »Ich kann nicht lesen!« So geschah es mehrere Male, und der Engel drängte ihn immer wieder mit der Aufforderung: »Lies!«

Der Engel forderte ihn auf:

»Lies im Namen deines Herrn, der den Menschen aus einem Erdenkloß erschaffen hat. Lies, denn dein Herr, der Großmütigste aller, lehrte den Gebrauch der Feder. Er lehrte den Menschen das, was dieser nicht wußte!«

Der Prophet kehrte erschreckt zu seiner Gattin Chadidja zurück und sagte: »Bedecke mich mit einem Tuch, verhülle mich!«

Er erzählte ihr, was geschehen war, und fügte hinzu: »Ich fürchte mich um meiner selbst willen.«

Sie erwiderte: »Sei unbesorgt! Ich schwöre bei Allah, daß ich dich niemals verraten werde. Man weiß, daß du ehrlich und ein Träger der Lasten anderer bist. Du gibst den Armen, bewirtest den Gast und bemühst dich um Gerechtigkeit.«

Chadidja brachte den Propheten zu Waraqa dem Christen, Sohn des Naufal, ihres Vetters, und sprach: »Höre, was dein Neffe gesehen hat.«

Waraqa erkundigte sich: »Neffe, was hast du gesehen?«

Der Prophet erzählte, was ihm widerfahren war, und Waraqa antwortete: »Es handelt sich um dieselbe Botschaft, die Gott Mose gesandt hatte. Wäre ich doch noch jung während der Zeit, da du Prophet bist! Ich wollte, ich könnte bei dir sein, wenn sie dich verstoßen werden!«

Der Bote Allahs fragte: »Werden sie mich denn verstoßen?«

Waraqa sprach zu ihm: »Das werden sie tun. Niemand hat jemals Dinge gebracht, wie du sie bringst, ohne bekämpft zu werden. Falls ich zur Zeit deiner Mission noch am Leben bin, werde ich dir nach besten Kräften beistehen.«

Not

Jarir erzählt:

Eines Tages bei Sonnenaufgang befand ich mich, gemeinsam mit anderen, in Gesellschaft des Propheten. Da kamen Leute aus Mudar zu ihm; sie hatten kaum Kleider am Leib, und ihre Schwerter hingen an ihren Rücken.

Beim Anblick dieser Armut wurde der Bote Gottes von Unwillen gepackt. Er zog sich in sein Haus zurück.

Kurze Zeit danach erschien er wieder und befahl, daß Bilal zum Gebet rufen solle.

Nachdem die Gebete verrichtet waren, sprach der Prophet in seiner Predigt: »Fürchtet den Herrn, ihr Leute, ihn, der alle aus einer Seele erschaffen hat. Gott wacht über euch ... Laßt Mildtätigkeit walten, gebt Geld, Weizen, Datteln – ja selbst nur eine halbe Dattel!«

Einer der Gefolgsmänner brachte mehr Geld, als seine Hände tragen konnten. Danach kamen Leute mit Geschenken, bis sich zwei Stapel Nahrung und Kleider angesammelt hatten. Und das Gesicht des Propheten erstrahlte, als ob es mit Gold überzogen wäre.

Er sprach: »Wer im Islam ein gutes Brauchtum einführt, dem wird durch das Maß der Belohnung jener vergolten werden, die ihm nacheifern – ohne daß deren Lohn auf irgendeine Weise geschmälert würde. Und wer im Islam auch immer etwas Schlechtes einführt, der wird dessen Last und die Lasten all jener tragen, die ihm folgen, ohne daß deren eigene Bürde auf irgendeine Weise verringert würde.«

Die LastAlis

Ali, der Kalif berichtet:

Das Handelsverbot, das die Heiden den Gläubigen von Mekka auferlegt hatten, war an jenem Punkt angelangt, wo es uns kein größeres Leiden mehr bringen konnte. Niemandem – auch den Frauen und den Kindern nicht – war der Kauf irgendwelcher Ware erlaubt: So wollte es der Wille der Ungläubigen, die ihre Hand auf den Schrein Abrahams gelegt hatten. Niemand in der Stadt getraute sich, uns auch nur einen Tropfen Wasser zu geben.

Als wir schwach und hinfällig waren, kamen die bewaffneten Dienstleute des Koresch zu uns, um den Propheten zu holen.

Als sie in das Haus einzudringen begannen, begab ich mich zur Tür, wobei ich auf meinem Kopf ein großes, von einem Tuch bedecktes Brett an den Häschern vorbeitrug.

Einer der Soldaten fragte: »Was befindet sich da über deinem Haupt, Ali?«

Ich erwiderte: »Über meinem Haupt befindet sich natürlich der Prophet Allahs, den zu töten ihr gekommen seid!«

Sie lachten und betraten das Haus. Auf diese Weise schützte Allah seinen Boten und gewährte uns die Gnade des Islam. Der Prophet lag zugedeckt auf dem Brett, das ich auf meinem Kopf trug.

Beobachtung

Eines Tages sprach der Prophet über die Art und Weise, wie Menschen die Dinge oft allzu wörtlich nehmen, ohne sich die Mühe zu machen, selber nachzudenken.

Eine Frau näherte sich, und der Prophet fragte sie nach dem Namen ihres Gatten.

Sie antwortete: »So und so einer ...«

»Ach, jener Mann, dessen Augen überwiegend weiß sind?« erkundigte sich Mohammed.

»Ganz und gar nicht«, erwiderte die Frau, »mein Gatte hat normale Augen.«

Nach Hause zurückgekehrt, erzählte sie ihrem Mann, daß der Prophet sie für die Gattin eines anderen gehalten habe.

»Aber hast du nicht wahrgenommen«, sprach der Gatte, »daß der größte Teil des Augapfels bei jedem Menschen tatsächlich weiß ist?«

Damals in der Höhle

Abu Bakr erzählt:

Damals, auf der Flucht nach Medina, hatten wir uns in der Höhle versteckt, als die suchenden Soldaten direkt auf deren Eingang zukamen.

Ich sagte zu dem Propheten: »O Bote Allahs! Wenn sie hier hereinschauen, sind wir verloren.«

Er antwortete sogleich: »Glaubst du, daß wir nur zu zweit sind, Abu Bakr? Ein Dritter ist mit uns: Es wird uns Rettung zuteil werden.«

Er lehrte mich das geheime Ritual.

Koresch-Soldaten bewegten sich auf den Eingang der Höhle zu und wollten sie betreten.

Dann hörten wir, wie plötzlich einer sagte: »Da drin können sie nicht sein. Schau, der ganze Eingang ist von einem großen Spinnennetz überspannt. Sie hätten es zerstören müssen, falls sie in die Höhle hineingegangen wären.«

Unter Schwüren, uns aufzuspüren und uns zu töten, gingen sie weiter. Wir aber waren gerettet. Wir setzten unsere Reise nordwärts durch die Wüste fort.

Das Gleichnis vom Regen

Der Prophet Mohammed sagte von seinem Wissen, daß es wie ein schwerer Regen sei, der auf die Erde falle.

Ein Teil der Erde empfing den Regen und brachte aufgrund dieser Labung aus ihrem Innern Pflanzen und Leben hervor.

Ein anderer, nicht weit entfernter Teil des Erdbodens sammelte das Naß und stellte es der Menschheit als Trinkwasser zur Verfügung.

Ein drittes Gebiet der Erde sammelte kein Regenwasser und nahm es auch nicht auf, um Pflanzen hervorzubringen.

Im ersten Fall ist der Erdboden sowohl der Nehmende als auch der Gebende. Im zweiten Fall nimmt und gibt er, aber er verwendet nicht. Im dritten Fall wird der Boden vom Regen nicht beeinflußt – weder nimmt er, noch verwendet er, noch gibt er.

Der Sohn des Kamels

Ein Mann ging zu Mohammed und bat ihn um ein Kamel. »Ich werde dir das Kind eines Kamels geben«, sagte der Prophet. »Wie kann das Kind eines Kamels das Gewicht eines riesigen Menschen wie mich tragen?« fragte der Mann.

»Ganz einfach«, erwiderte der Prophet. »Ich werde deinen Wunsch und meinen erfüllen. Nimm dieses ausgewachsene Kamel – ist es nicht der Sohn eines Kamels?«

Wissen

Der Prophet sprach: »Es wird die Zeit kommen, in der es kein Wissen mehr geben wird.«

Ziad, Sohn des Laibid, entgegnete: »Wie kann es kein Wissen geben, wenn wir den Koran aufsagen und ihn unseren Kindern lehren und unsere Kinder ihn ihren Kindern lehren, bis zu dem Tag der Vergeltung?« Der Bote antwortete: »Du erstaunst mich, Ziad, da ich glaubte, du seist das Oberhaupt der Gelehrten Medinas. Lesen die Juden und die Christen nicht die Thora und die Evangelien ohne irgend etwas von deren wahren Bedeutung zu verstehen?«

Er würde seine Zähne an einem Salatblatt ausbeißen.
Sprichwort

Für die Ameise ist ein Nieselregen ein Wolkenbruch.
Sprichwort

Abenteuer des Mulla Nasrudin

Abenteuer des Mulla Nasrudin

Sofort-Lesen

Ein berühmter Fakir behauptete auf dem Dorfe, daß er einem des Schreibens und Lesens Unkundigen mittels einer Schnellmethode das Lesen beibringen könne.

Nasrudin trat aus der Menge hervor: »Sehr gut, bring es mir bei – jetzt.«

Der Fakir berührte die Stirn des Mulla und sprach: »Geh nun sofort nach Hause und lies ein Buch.«

Eine halbe Stunde später erschien Nasrudin mit einem Buch in der Hand wieder auf dem Marktplatz. Der Fakir war seines Weges gezogen.

»Kannst du nun lesen, Mulla?« fragten ihn die Leute.

»Ja, ich kann lesen – aber das ist nicht der springende Punkt. Wo ist der Scharlatan?«

»Wie kannst du ihn als Scharlatan bezeichnen, wo er dir ohne Lernen das Lesen beigebracht hat?«

»Weil dieses maßgebende Buch sagt, daß alle Fakire Schwindler sind.«

Frauen

Nasrudin war Mitglied eines Klubs, der sich »Vereinigung jener, die vor ihren Frauen keine Angst haben« nannte.

Eines Tages berief der Vorsitzende die Versammlung gewohnheitsgemäß ein, indem er sagte: »O alle, die ihr eure Frauen nicht fürchtet – setzt euch.«

Alle setzten sich, ausgenommen der Mulla.

»Was ist los, Nasrudin – hast du Angst vor deiner Frau?«

»Ich habe keine Angst vor ihr, aber ich kann mich nicht setzen. Sie hat mich gestern nacht grün und blau geschlagen.«

Sich erst vergewissern

Nasrudin ging durch einen Wald, als er Selim, einen anderen Dorfbewohner, in einer Lichtung liegen sah.

Nachdenklich kehrte der Mulla nach Hause zurück.

Als er an der Tür zu Selims Haus vorbeiging, rief dessen Frau: »Nasrudin, ich habe meinen Ehemann seit geraumer Zeit nicht mehr gesehen. Was glaubst du, ist alles in Ordnung mit ihm?«

»Das hängt davon ab, Madame«, erwiderte Nasrudin, »ob er mit oder ohne Kopf von zu Hause weggegangen ist.«

Offensichtlich

»Wie sieht das Innere deines Hauses aus?«

»Sehr nett, Mulla, aber es ist leider nicht sonnig.«

»Gibt es in der Nähe keine Sonne?«

»Doch, der Garten ist sehr sonnig.«

»Warum ziehst du denn mit deinem Haus nicht in den Garten um?«

Warte, bis es dich erwischt

Eines Tages trug Nasrudin einen Teller voll Essen zu einem Bedürftigen. Ein lärmender Witzbold stellte ihm ein Bein; der Mulla wurde sehr aufgebracht.

»Für das«, schrie er, »wird dir etwas Schreckliches zustoßen!«

Der Witzbold erschrak, stolperte über einen Felsen und verrenkte sich den Fußknöchel.

Sich selbst bedauernd und angesichts einer so rasch erfolgten Bestrafung von Reue erfüllt, rief er: »Es tut mir leid, Nasrudin. Aber siehst du, ich habe das Verdiente bekommen.«

»Ganz und gar nicht«, erwiderte der Mulla sanft, »es muß sich hierbei um die Vergeltung einer deiner geringeren Missetaten gehandelt haben. Wenn dich *meine* Verwünschung trifft, wirst du dich in einem so desolaten Zustand befinden, daß du dich nicht einmal mehr entschuldigen kannst.«

Umgekehrt

»Vernünftige Leute sehen die Dinge stets auf dieselbe Weise«, sagte der Khan von Samarkand eines Tages zu Nasrudin.

»Genau das ist das Problem mit ›vernünftigen‹ Leuten«, antwortete Nasrudin, »zumindest einige von ihnen sehen von zwei Möglichkeiten stets nur eine.«

Der Khan forderte die Gottesgelehrten und Philosophen auf, eine Erklärung abzugeben, aber sie glaubten, daß Nasrudin Unsinn erzählt hatte.

Am nächsten Tag ritt Nasrudin auf einem Esel durch die Stadt, und zwar so, daß dabei sein Gesicht gegen den Schwanz des Esels gerichtet war.

Beim Palast angelangt, wo der Khan mit seinen Beratern saß, sagte Nasrudin:

»Würden Eure Hoheit bitte diese Leute fragen, was sie gerade gesehen haben?«

Alle antworteten: »Einen Mann, der umgekehrt sitzend auf einem Esel geritten ist.«

»Das ist genau das, was ich meine«, erwiderte Nasrudin. »Das Verdrießliche dabei ist, daß all diese Leute nicht bemerkten, daß ich möglicherweise richtig saß, während der Esel vielleicht verkehrt aufgestellt war.«

Der reiche Mann

»Wie sehr wünsche ich mir, richtig reich zu sein«, sagte Nasrudin zu seinen vertrauten Freunden im Teehaus. »Sagen wir, so wie Kara Mustafa, der große Gebieter, der alles hat.«

»Wie seltsam, daß du das sagst«, entgegnete der Töpfer, »denn vor wenigen Minuten erklärte Mustafa in meinem Laden, wie sehr er sich wünsche, ein armer und einfacher Mann zu sein.«

»Aber das ist nur, weil er bereits reich ist!« erwiderte Nasrudin. »Er hat den Wunsch und kennt den Weg, arm zu werden. Ich habe nur den Wunsch, reich zu sein!«

Bring uns deine Weisheit bei

Nasrudin kam in einem weit von seinem Heimatort entfernten Dorf an und stellte fest, daß ihm sein Ruf als großer Lehrer vorausgeeilt war.

Die Dorfbewohner versammelten sich, und ihr Wortführer sprach: »Bring uns deine Weisheit bei, großer Nasrudin.«

»Sehr gerne«, antwortete der Mulla, »aber zuerst möchte ich euch einen nützlichen Vorschlag machen. Möchtet ihr diesen unansehnlichen Hügel gegenüber dem Dorf weggeschafft haben, damit ihr die bis anhin von ihm abgehaltenen kühlen Brisen genießen könnt?«

Die Dorfbewohner waren von diesem Vorschlag begeistert.

»Nun«, sprach Nasrudin, »bringt mir ein Seil, das so lang ist, daß damit der Hügel umwunden werden kann.«

Nach monatelangem Weben hatten die Dorfbewohner das Seil hergestellt.

»Umwindet den Hügel einfach mit dem Seil, hebt ihn hoch und gebt ihn mir auf den Rücken, damit ich ihn wegtragen kann«, sprach Nasrudin.

»Das ist ja lächerlich«, entgegneten die Dorfbewohner, »wie können wir einen Berg hochheben?«

»Wie kann ich ihn wegtragen, ehe ihr ihn hochhebt?« fragte Nasrudin. »Dasselbe Problem stellt sich, wenn ihr mich bittet, euch meine Weisheit beizubringen.«

Wie man gewinnt

Nasrudin entschloß sich, als Heiliger aufzutreten.

Er wählte eine gewisse Stadt aus und erklärte öffentlich, daß der ortsansässige Weise ein Ignorant sei. Er versprach, dies mit einer einzigen Frage zu beweisen, die er ihm am folgenden Tag auf dem Marktplatz zu stellen gedenke.

Der erzürnte Weise war zur vorgeschlagenen Zeit zur Stelle. Die gesamte Bevölkerung fand sich ein.

»Ich will diesem Herrn nun eine Frage stellen«, sagte Nasrudin zur versammelten Volksmenge, »und falls er dieselbe nicht beantworten kann, werdet ihr wissen, wer von uns beiden der Dummkopf ist.«

Indem er sich dem Weisen zuwandte, der in der geistlichen Sprache der Araber äußerst bewandert war, sprach er: »Sag mir, was bedeutet das Wort ›Marafsh‹?«

»Ich weiß es nicht«, antwortete der Weise, der den Begriff übersetzt hatte.

Das Volk verjagte ihn als Betrüger.

Als er Nasrudin auf der Straße begegnete, die aus der Stadt hinausführte, sagte der Weise: »Du hast mich betrogen.«

»Wie lange bist du der Ortsweise dieser Stadt gewesen?« fragte der Mulla.

»Dreißig Jahre«, antwortete der Weise mit zitternder Stimme.

»Und die Weisheit, die du diesen Leuten beigebracht hast, besteht die bloß darin, zu wissen, wie man sich betrügen läßt?«

gisch wohlüberlegt – direkt hinter mir stand. Man rechnete anscheinend damit, den Schmugglerkandidaten vor Angst aus der Haut fahren zu lassen und ein Geständnis zu bewirken.

Nachdem ich dies überstanden hatte, betrat ich über die Laufplanke ein kleineres Schiff, das recht sauber war, aber in dieser glühenden Hitze einen allzu metallenen Eindruck machte. Als wir unterwegs waren, mußte ich erneut daran denken und stellte dabei folgende Überlegung an: Wenn mir der unbeugsame harte Charakter eines Stahlschiffes Unbehagen bereitet, wie sehr viel schmerzhafter mußte die Erfahrung jener Leute gewesen sein, die an die großzügige Linie hölzerner Wände und weißer, geblähter Segel gewohnt waren.

Beide, der Kapitän und der unvermeidlich rothaarige Maschinist, waren Schotten; die Mannschaft war in den verschiedenen Teilen des Niltals angeheuert worden. Die Passagiere schienen allen Nationen zu entstammen, mit Ausnahme von Ägypten.

Als wir starteten, ertönte vom Drittklass- und Mitteldeck, wo die Pilger saßen, der Ruf zum Mittagsgebet. Ein bäuerlicher Turkmene in Filzstiefeln (er war beinahe die ganze Strecke von Persien bis hierher zu Fuß gewandert) führte die gegen Mekka gerichteten Teilnehmer des Gottesdienstes. Bis jetzt waren nur drei von ihnen im Weiß der Pilger gekleidet: Ahmed der Somali, dessen Frau und ihr sechs Jahre alter Sohn Abdullah. Auf unserem Deck hatten ein Saudi-Scheich, ein syrischer Agronom und zwei türkische Journalisten bereits Freundschaft geschlossen. Ein Amerikaner, der unterwegs nach Aden war, las Sherlock Holmes und bestellte jede halbe Stunde Tee. Der unablässige, verschwommene Rhythmus arabischer Musik verfolgte einen in jeder Ecke des Decks: Lautsprecher verbreiteten von morgens bis abends das Programm von Radio Kairo.

Als wir die Kette miteinander verbundener Seen, die den Kanal bilden, hinter uns gelassen hatten, herrschte nach zweitägiger Fahrt eine völlig andere Stimmung an Bord. Es war, als ob wir in einer anderen Welt wären: alles, was mit Kairo zu tun hatte, war vergessen. Es gab keine Gerüche mehr, keine wimmelnden Horden neugieriger, schlendernder Müßiggänger – nichts als das Stampfen der Maschinen und die weißen, über unseren Köpfen kreisenden Vögel. Wir waren nun nur vier Tage von Djidda entfernt, von jenem Land, das zu sehen einige von uns jahrelang gewandert waren, andere ihr Leben lang gespart hatten.

Das erste ungewöhnliche Ereignis war das vollständige Fallenlassen aller Unterschiede zwischen Erstklass- und Drittklasspassagieren. Obwohl man die meiste Zeit im offiziell zugewiesenen Teil des Schiffes zubrachte, vermischten sich sämtliche Passagiere völlig frei und hießen einander willkommen. Einer, vielleicht gottesfürchtiger als andere, bewegte den Rundfunkbeamten, die Musikübertragung einzustellen. Die Gläubigen saßen unter Zelten, beteten oder lasen Bücher.

Die verwestlichten Erstklasspassagiere erschienen nun in wallenden Gewändern auf Deck; der Syrier wässerte nach wie vor viermal täglich seine Pflanzen und ließ sich einen Bart wachsen. Auch ich hörte auf, mich zu rasieren, da es unhöflich gewesen wäre, vor dem König glattrasiert zu erscheinen – falls ich ihm überhaupt begegnen sollte.

Der Amerikaner beklagte sich, daß ihm der puritanische Saudi-Scheich alle Spielkarten, die er als »Erfindung des Teufels« bezeichnet hatte, über Bord geworfen habe. Man hätte sagen können – falls diese Worte nicht völlig irrelevante Gedankengänge auslösen würden –, daß wir zur Grundform, zum Urbild zurückkehrten. Es handelte sich hier um eine Übergangszeit. Die weiblichen Passagiere bildeten eine eigene Gruppe, die unter der Aufsicht einer Frau stand, die mit einem Geistlichen des Mekka-Heiligtums verheiratet war, und die von einem Besuch bei ihrer Schwester in Kairo nach Hause zurückkehrte. Sie paukte ihnen die im Verlauf der Pilgerfahrt zu zitierenden Worte und die zu verrichtenden Gebete ein und erzählte von ihrer Tätigkeit in der Wohlfahrtspflege zugunsten von Kindern in der südlichen Provinz Hidjas.

Ich schien von allen am besten Englisch zu verstehen – und bald schon hatte sich der Amerikaner mir angeschlossen. Er fragte mich eingehend über mein Motiv zu dieser Reise aus, wollte wissen, was ich davon erwarte, und erkundigte sich über die Lebensbedingungen in Saudi-Arabien.

Schließlich bat mich der Amerikaner, ihn nach Mekka mitzunehmen. Er sagte, daß man ihm eine Landung in Djidda erlauben würde – letzteres war keine verbotene Stadt. Einmal dort angelangt, sollte es möglich – wenn auch nicht leicht – sein, nach Mekka zu gelangen. Er war zur Bezahlung sämtlicher Unkosten bereit. Er anerbot sich sogar, mich für meine Bemühungen zu entschädigen. Aber ich hatte Mühe und Sorgen genug, und ich erklärte ihm, daß ich seinem Wunsch gerne nachkommen würde, als Pilger jedoch an einem Täuschungsmanöver dieser Art nicht teilnehmen könne. War er ein Moslem? Nein. »Dann würde dir eine Reise nach Mekka nicht viel bringen«, erwiderte ich.

Aber er wollte der erste Amerikaner sein, der dorthin gelangte. Schließlich war Mekka sehr viel schwerer zu betreten als Tibet. Und er war sich wohl bewußt, daß er in Tibet gewesen war. »Nichts dabei ...«, erzählte er mir.

Falls er Moslem würde, wäre es dann möglich, nach Mekka hineinzugelangen? Ich sagte ihm, daß dies der Fall sein könnte, daß es ihn jedoch viel Zeit und Ausdauer kosten würde. Es könnte Jahre dauern, ehe man ihm genug Vertrauen entgegenbringen würde. Und selbst dann könnte eine falsche Bewegung seinen Tod bedeuten. Alles schon vorgekommen. Ich erinnerte ihn daran, daß wir heute schwierigere Zeiten hätten als damals, als Burton verkleidet nach Mekka gelangt war. Heute hat man einen Spießrutenlauf zwischen Walkie-talkies, Identitätskarten und Pilgerpässen hinter sich zu bringen – und muß dazu die Rituale und Verhaltensweise des Islam kennen.

Spannung, unterdrückte Begeisterung, das Gefühl eines großen bevorstehenden Ereignisses pochte in allen Pilgerherzen, als wir uns Djidda näherten. Im glänzend harten Licht der frühen Morgensonne kam Saudi-Arabien in Sicht.

Als sich die weißgewandeten Gläubigen der Reling entlang aufstellten, hörte ich erstmals den uralten Pilgergesang, der im

Verlauf meines Aufenthaltes noch tausende Male an mein Ohr dringen sollte: »Labbayak, Allahumma, Labbayak!« (Hier sind wir, o Herr, vor dir!).

Weiß schimmernd, aus Korallengestein über jenen hinterhältigen Riffen erbaut, die von den hafenwärts strebenden Schiffen nicht durchfahren werden können, grüßte Djidda – und Mekka lag nur fünfzig Meilen ostwärts in der Wüste.

Unter den Freudenrufen der Mannschaft und dem Singen der ersten Sure aus dem Koran (Die Öffnende) bestiegen wir kleine Boote und wurden zu den Landungsplätzen gebracht, wo jährlich Hunderttausende von Moslems aus Marokko, Java und beinahe allen östlichen Ländern ankommen.

Ehe wir das Ufer erreichten, waren bereits unzählige auffallende Kontraste des sich wandelnden Ostens vorhanden. Im Hafen auf Korallenbänken sitzend, angelten Fischer nach der Nahrung, die für die Proteinversorgung der ärmeren Bevölkerung von Djidda von so großer Bedeutung ist.

Auf großen Bretterwänden war auf arabisch, indonesisch und in einem halben Dutzend anderer Sprachen zu lesen: *Pilger, Saudi-Arabien heißt euch willkommen!* Braunhäutige, stämmige Lastträger, deren gegürtete Tracht sich seit Abrahams Zeiten nicht verändert hat, luden ein pakistanisches Schiff aus und sangen dazu die traditionellen Weisen ihres Gewerbes. Zu riesigen Haufen aufgestapelt, warteten Waren aus aller Welt auf die Zollrevision; sie lagen in großen Betongebäuden, die so neu waren, daß man erst mit dem Errichten der Dächer beschäftigt war. Dies bildete nur ein Symptom für die Zeit der Fülle, die in Arabien mit den amerikanischen Multi-Millionen-Dollar-Öl-Lizenzgebühren angebrochen war.

Der Turkmene brach beinahe in Tränen aus, als wir landeten, und sprach von »Sand in den Augen«, als wir uns zum Abschied die Hände schüttelten.

Bevor Ibn Saud dieses Land erobert hatte, war die Halbinsel entzweigeteilt: in den strengen nördlichen Teil Nedjd und in den südlichen und unbeschwerten Teil Hidjas, wo wir uns nun befanden. Selbst heute noch, nach dreißig Jahren, unterhält der

König seine Hauptstadt Riad – in der Nähe des Persischen Golfes –, während die in Saudi-Arabien akkreditierten Botschaften in Djidda bleiben müssen, wo sie sich rund um die innere Bucht in anmutigen Herrenhäusern niedergelassen haben.

Jede einzelne Gruppe von Pilgern begab sich zur Erfrischung, Identitätskontrolle und Führerverteilung in die gewölbte Empfangshalle. Ich stellte meine Taschen auf den Tisch des Zollbeamten und öffnete sie.

Ich erwartete keinerlei Sonderbehandlung, aber kaum hatte ich meinen Paß vorgewiesen, als sich ein prächtig gekleideter Scheich vom Ministerium für auswärtige Gäste meiner annahm. Ich wurde zu einem neuen Amerikanerwagen geführt und schnellstens durch die blendenden, ultramodernen Straßen zur Diafa, den Gästewohnungen des Königs, gefahren.

Beim Betreten der mit Teppich ausgelegten, kühlen weiträumigen Empfangshalle verspürte ich eine gewisse Schüchternheit, als ich dem Beauftragten meinen vollen Namen nannte. Ich fühlte, daß diese weiß gewandete Gestalt mit dem doppelten Kamelhaarreifen der Beduinen auf dem Haupt, ein gewisses Widerstreben gegenüber einem Nachkommen des Propheten hegen könnte – ein Antagonismus, dessen Wurzel in politischen Gründen liegen dürfte. Ich wußte, daß die Saudis keine privilegierte Klasse dulden, und erwartete somit eine in gewisser Weise feindlich gesinnte Reaktion. Wie immer es früher auch gewesen sein mag – heute ist letzteres nicht mehr der Fall.

Man meldete mich den in der Halle Anwesenden, unter denen sich Träger zahlreicher hoher Titel befanden. Ernste, bärtige, von höflicher Gelassenheit geprägte Gesichter; man erhob sich, und wir küßten einander die Hände.

Als ich in der Mitte der hufeisenförmig arrangierten Sessel stand, bemerkte ein riesiger rotbärtiger älterer Mann mein Zaudern. »Ich bin der Quarantänearzt«, erklärte er mir in einem ausgezeichneten, von Edinburger Tonfall durchzogenen Arabisch. Wie alle Ausländer in Saudi-Arabien trug er den weißen Kaftan und den aus den Haaren von Kuwait-Kamelen hergestellten Beduinenmantel.

Später sollte ich noch mehrere solche Männer kennenlernen: Ingenieure, Ärzte, Wissenschaftler aus England, Amerika, der Tschechoslowakei oder Frankreich. Sie alle waren heute Saudi-Beamte und von einer bemerkenswerten Zuversicht in jenen Stand, den man im Lande selbst als *Musta'Arabin* – »Die Arabisierten« – bezeichnet. So waren auch Robert von Chester und Michael Scot im maurischen Spanien vergangener Zeiten als *Musta'Arabin* bekannt gewesen.

Wenn man darüber nachdenkt, läßt es sich nur schwerlich sagen, warum man diesen »Persönlichkeitswechsel« zunächst als so wunderlich empfindet. Warum sollte man es für selbstverständlich erachten, daß ein Araber in England wie ein Engländer lebt, während der umgekehrte Fall ungewöhnlich oder schwierig erscheint?

Ich sandte dem König nach Riad ein Telegramm, gab meine Ankunft bekannt und bestätigte, daß ich nach Erfüllung der erforderlichen Pilgerpflichten in Mekka bereit sei, nach der Hauptstadt zu fliegen.

Das neue Postgebäude, wo ich dieses Telegramm aufgegeben hatte, setzte mich in Erstaunen. Die heutigen arabischen Gebäude in Djidda sind in einer Mischung antiker und westlicher Stilrichtungen erbaut und strahlen jenes gewisse Etwas aus, das man als konsequentes »Nichtbeachten der Kosten« bezeichnen würde. Faisal Street – so benannt nach König Faisal, dem ehemaligen Vize-König von Hidjas – führt vom Zentrum der Neustadt bis zu den Docks. Am anderen Ende der Stadt trifft sie mit dem Pilgerweg zusammen, der kürzlich asphaltierten Straße nach Mekka.

Auf beiden Straßenseiten von riesigen Stahl- und Betonbauten überragt – Apartmenthäuser, Banken und Verwaltungsgebäude –, flitzen fischschwanzförmige Cadillacs um die Kurven. Im Mittleren Osten finden sich nicht viele Orte wie Djidda. Dennoch, einer nahezu bestürzenden Anhäufung westlicher Produkte und Maschinen zum Trotz, besitzt Djidda nach wie vor ein großes Stück jener Eigenschaft, die selbst von

Soziologen nicht analysiert werden kann, und die wir auch heute noch als Zauber des Ostens bezeichnen.

Angetan mit meinem ungenähten Baumwollgewand, in Sandalen und barhäuptig, ging ich bei einer Temperatur von 45 °Celsius meines Weges. So gestaltet sich die obligatorische Tracht all jener, die zu einer Pilgerfahrt hierher gekommen sind. Niemand darf Seide oder sonst etwas tragen, das einen sozialen Unterschied erkennen ließe.

Die kosmopoliten Kaffeehäuser der Stadt sind keineswegs auf überflüssig verwestlichte Kundschaft eingestellt – obwohl sie sowohl alkoholfreie westliche Getränke als auch den herben Nedjd-Kaffee servieren. Wenngleich der grimmig blickende, bis auf die Zähne bewaffnete Beduine aus der Wüste gegen seinen anspruchsvollen urbanen Landsmann absticht, so fügen sich doch beide, der gutausgebildete arabische Rundfunk- oder Öltechniker und der Stammesangehörige aus der Wüste, der jahrhundertealten Tradition: jenem Gesetz, das mit zunehmendem Wohlstand nur noch bindender zu werden scheint. Möglicherweise deshalb, weil die königliche Familie tonangebend ist.

Die historische, mit untereinander verbundenen Kordeln befestigte Kopfbedeckung sowie der voluminöse Mantel aus Kamelhaar sind ihr gemeinsames Erbe. Die zunehmende Macht von Presse und Rundfunk scheint die dem Araber angeborene Wertschätzung seiner Lebensweise in der Tat noch verstärkt zu haben. Diese Gegebenheit gehört zu den erstaunlichsten Dingen im heutigen Saudi-Arabien. Im Gegensatz zu vielen anderen Völkerschaften östlicher Länder haben die Saudis ein echtes Gefühl der Gleichheit allen Menschen gegenüber. Aus diesem Grunde äffen sie den Westen nicht vorbehaltlos nach.

König Abdul-Aziz Ibn Saud hatte im Rahmen seines Modernisierungsprogramms gegen den natürlichen Widerwillen konservativer Kreise zu kämpfen, ehe Menschen und Maschinen, die man nicht vollständig verstand, aufgenommen worden sind. Man erinnere sich, daß kurz nach dem Ersten Weltkrieg ein Dutzend arabischer Nationen unter Kolonial- oder Quasi-Kolonialregierungen standen.

Andererseits sind die echten Nomaden der Wüste zu allen Zeiten frei gewesen. Sicher in der sandigen Einöde, Wege einschlagend, die nur ihnen allein bekannt sind, ist ihnen die Angst vor Eindringlingen, wie sie den Stadtmenschen heimsucht, völlig unbekannt geblieben. Aus der Reihe der Beduinen erwuchsen deshalb die neuen Ärzte, Piloten, Mechaniker und Techniker des Landes.

Auf der anderen Seite der Britischen Botschaft befinden sich die alten mehrstöckigen Herrenhäuser der Handelsprinzen, mit ihren kunstvoll geschnitzten Gitterfenstern aus Rosenholz, die der geringsten Brise Zugang verschaffen. Überall finden sich Beweise für die stets zunehmende Bedeutung der Öl-Aristokratie. Falkenäugige Beduinen-Oberhäupter fahren hier so moderne Autos, wie ich sie nicht einmal in Kairo oder Beirut gesehen habe. Hier trifft der Osten auf den Westen – man spürt es –, und beide vermischen sich. Wehende Gewänder können aus Nylonstoff gefertigt sein ... Ultramoderne Autos sind mit unschätzbaren antiken Perserteppichen ausgelegt.

Von Osten nach Westen und von Norden nach Süden verlaufend, erstreckt sich noch heute die große, als *Suk* bekannte offene Ladenstraße, in der unzählige Gewerbe und Handelsgeschäfte vertreten sind. Der Überlieferung nach soll dieser Markt bereits bestanden haben, als König Salomos Schiffe auf ihrer Fahrt nach dem Lande Punt hier anlegten; hier sollen die Karawanen der Königin von Saba einst gehalten haben, um Elfenbein aus Afrika gegen die Wohlgerüche des Fernen Ostens einzutauschen.

Der Markt ist echt orientalisch – eine zusammengewürfelte, verwinkelte, überaus farbige Handelsstraße alten Stils. Sie mag dem westlichen Auge in gewisser Weise als primitiv erscheinen, aber man kann hier nicht nur die besten Produkte aus Birmingham und Detroit kaufen, sondern auch kostbarste Waren aus dem Osten. Ich bin überzeugt, daß es beinahe nichts in der

Welt gibt, daß man im malerischen *Suk* von Djidda nicht erstehen, prüfen oder bestellen könnte.

Ich kaufte einige wenige Dinge, freundete mich mit mehreren Ladenbesitzern an, führte mit ihnen Gespräche und trank unzählige Tassen Tee ohne Milch oder mit Kardamon gewürzten Kaffee.

An der Autostraße, die von Djidda nach Mekka führt, steht ungefähr drei Kilometer außerhalb Djiddas ein futuristischer Palast. Tagsüber wehen an einer auf dem höchsten Türmchen befestigten Stange schreiend farbige Fahnen; nachts aber herrscht ein ununterbrochenes Blinken von Signallichtern. Falls man ein Auto, einen Lastwagen oder einen Kombiwagen gemietet hat, murmelt der Fahrer an diesem Ort möglicherweise: »Lang lebe Ba-Khashab Pascha und all seine Kinder« – beinahe so, als ob es sich um eine Anrufung handeln würde. Er wird anhalten, um mit einem sehr kaufmännisch aussehenden Araber an einem Fenster des Palastes einige Worte zu wechseln. Auf der nächtlichen Rückfahrt wird er zur Begrüßung kurz die Scheinwerfer ein- und ausschalten; Ba-Khashab Paschas Organisation ist Tag und Nacht in Signalkontakt mir ihrer Wagenflotte.

Ba-Khashab war einst ein bescheidener, gewöhnlicher Mann irgendwo an der saudi-arabischen Küste, der seinen Lebensunterhalt durch die Vermietung von Kamelen zu verdienen suchte. Heute, angesichts der gewaltigen Expansion des Transportwesens und der entsprechenden Nachfrage nach Fahrzeugen aller Art, ist der Pascha (niemand weiß, wo er diese Bezeichnung her hat, da es sich um keinen Saudi-Titel handelt) auf der sozialen Leiter so weit gestiegen, daß er sich im Luxus ausruhen könnte – wenn er nicht so ein Arbeitsmensch wäre. Er ist ein kleiner, schlanker Mann mittleren Alters, lachend und liebenswert. Als ich ihn besuchte, fragte er mich, wie die Aussichten wären, seinen Sohn in Eton oder Oxford unterzubringen.

Ähnliche Fälle könnten mehr als hundertmal, beinahe über die gesamte Länge und Breite von Arabien aufgezeigt werden.

Eine neue Klasse von Arabern ist herangewachsen: Unternehmer, Pächter, Industrielle. Es stimmt, daß auch einige Scheichs und Mitglieder der älteren Aristokratie von diesem neuen wirtschaftlichen Aufschwung profitiert haben. Die beiden Gruppierungen vermischen sich aber nie, obwohl beide im heutigen Arabien lebenswichtige Funktionen innehaben. »Geh in den Norden, auf die amerikanischen Ölfelder von Dhahran, wenn du ›Action‹ erleben willst«, sagte Ba-Khashab. »Die dortigen Amerikaner verstehen wirklich zu arbeiten. Und warum sind sie so erfolgreich? Weil sie, ohne es zu wissen, die Grundsätze des Islam, die Worte des Propheten, in die Tat umsetzen, die da heißen: ›Ich betrachte mich selbst als Arbeiter!‹«

Ein Amerikaner, mit dem ich kurz danach sprach, gab mir seine eigene Version zu dieser Frage: »Der Durchschnittsaraber hat eine rasche Auffassungsgabe. Er weiß auch zu arbeiten. Der ›American Way of Life‹ ist da auf fruchtbaren Boden gefallen.«

So kann man nun seine Wahl treffen; die Wahrheit mag wohl irgendwo in der Mitte liegen. Der Araber arbeitet nicht gern, ohne zu wissen, daß er dafür belohnt wird. Und er muß, falls das überhaupt möglich ist, mit etwas belohnt werden, das der Mühe wirklich wert ist. Er ist in einem gewissen Sinne ein natürlicher Kapitalist. Für das Wort »Bezahlung« benutzt er den Begriff »mein Recht«.

Als die Amerikaner nach Saudi-Arabien kamen, boten sie nicht nur materielle Lizenzgebühren – sogar schon vor Beginn der ersten Bohrungen –, sondern brachten eine klare Hoffnung ins Land, daß nicht nur die Regierung von den Prozenten der gesamten Ölgewinnung profitieren würde, sondern daß Arbeitsplätze mit Aussicht auf lokale Unternehmensgründungen geschaffen würden. Auf diese Weise konnten sowohl die Araber als auch die Amerikaner ins Geschäft kommen.

Die Amerikaner waren – und sind es noch immer – äußerst »feinfühlig« in bezug auf ihre Stellung in Saudi-Arabien. Jeder der zwölftausend ausländischen Angestellten der Arabian-American Company ist mit den Grundsätzen des islamischen

Glaubens und den Feinheiten der arabischen Sitten bis ins Detail bekanntgemacht worden. Keiner von ihnen würde heutzutage daran denken, andernorts etwas zu unternehmen als dort, wo die Ölgesellschaft Niederlassungsrecht besitzt. Und selbst dann tragen sie Gewänder, Kopfbedeckungen und Kordeln wie die Wüstenbewohner Arabiens.

Die Amerikaner sind gut bedient: in Dhahran und in den umliegenden Wüstengebieten werden täglich eine Million Barrel Erdöl gewonnen. Die Arabian-American Company sitzt meiner Meinung nach »mitten auf dem größten Ölfeld der Welt«.

Die Errichtung diesen Brückenkopfes im zutiefst wahhabitischen Teil Arabiens darf als einer der Haupterfolge westlicher Geschäftätigkeit bezeichnet werden. Vom rein kapitalistischen Standpunkt aus gesehen, mag man es als hart errungenen Sieg bezeichnen; aber ich möchte dennoch keineswegs den Gedanken suggerieren, daß sich die Amerikaner übervorteilt fühlen. Ich kann lediglich sagen, daß die Aramco eine Gesellschaft ist, bei der die Gewinnung des Öls zu einer gleichmäßigen Interessenverteilung zwischen Arabern und Amerikanern geführt hat. Letztere haben die große Moschee erbaut, die den Blickfang des Saudi-Öl-Camps bildet. Sie haben an Hunderten von Stellen tiefe Trinkwasserbrunnen gebohrt, um das lebenswichtige Naß für Kamele und Menschen zu sichern. Es gibt amerikanische Ausbildungsprogramme für Saudis, amerikanische Spitäler, Kliniken, Ladengschäfte, landwirtschaftliche Unterstützungsprogramme und was der Dinge mehr sind. Solange sich in Dhahran eine große Anzahl ausländischer Arbeitskräfte befindet, wird niemand die Einstellung eines Ausländers vorschlagen, falls ein Saudi besagte Stelle übernehmen kann. Lokale Vertragsnehmer sind von der Gesellschaft in ihre Tätigkeit eingeführt und von der Aramco unterstützt worden.

Während vieles, was zu dem neuen Wohlstand der Saudi-Halbinsel geführt hat, direkt dem amerikanischen Charakter und zäher Entschlossenheit zu verdanken ist, so kann zweifellos auch die mächtige Persönlichkeit Abdul-Aziz Ibn Sauds als

Kraft bezeichnet werden, die beinahe hinter allem stand, was im Verlauf der letzten dreißig Jahre verwirklicht worden ist.

Um dies vollständig verstehen zu können, ist ein Blick auf die Stellung Arabiens innerhalb einer sich verändernden Welt nötig.

Nach arabischer Überlieferung befand sich die Wiege der Menschheit irgendwo auf der arabischen Halbinsel. Einige weisen in diesem Zusammenhang auf Aden hin, wo sich der Garten Eden befunden haben soll, andere auf jenes Grab unweit von Djidda, das als letzte Ruhestätte Evas gilt. Ferner soll die Kaaba zu Mekka ursprünglich von Adam selbst errichtet worden sein, und zwar nach dem Vorbild eines Bethauses im Paradies, wo die Engel ununterbrochen reihum gingen und Gott priesen.

Weiterhin erheben die heutigen Araber den Anspruch, von Abraham abzustammen, und zwar durch Ismael, jenen Sohn, den – ihrer Meinung nach – der Patriarch Gott dargebracht hat. Als Buße für die Verstoßung Hagars in die Wüste baute Abraham die Kaaba, den geheiligten Schrein Arabiens, wieder auf. Daher die Heiligkeit von Hagars Brunnen im Sanktuarium: von ihm, dem Semsem, glaubt man, daß er derselbe Strom sei, den Gott auf wundersame Weise zur Errettung Hagars hat fließen lassen.

Man weiß natürlich, daß sowohl die Araber als auch die Juden semitischen Ursprungs sind und daß ihre Sprachen dieselbe Wurzel haben. Es besteht eine gewisse Identität der Form, so daß die Araber in alten Zeiten die heiligen Schriften der Hebräer befolgten.

Während die Juden ihren Monotheismus mehr oder weniger aufrechterhielten, glitten die Araber im Verlauf ihrer großen Stammeswanderungen durch die Wüste immer mehr in eine Theologie ab, die auf mehreren Göttern fußte. Letztere begannen sich in zwei Gruppen zu formieren: die Hauptgottheiten repräsentierten die Sonne, den Mond und die Planeten, während die geringeren als Totems über die einzelnen Stämme wachten.

Das Heiligtum von Mekka stand unter deren Bewachung,

und das Sanktuarium (Haram) wurde zur Wohnstätte von über dreihundert Götzenbildern. Die der Verehrung der Götter angepaßten Pilgerriten blieben bestehen.

Diese Zeit wird als *Jahiliyya* (»Zeit der Unwissenheit«) bezeichnet – sie dauerte bis ins siebte Jahrhundert nach Christus, als Mohammed die Rückkehr zum Monotheismus predigte.

Wie ich sehr genau weiß, war Mohammed ein Sproß der Koraisch, einer der vornehmsten Araber-Stämme, die im Haram den Schrein verwaltet hatten. Wie die Moslems glauben, sind Mohammed in den Bergen bei Mekka die ersten Suren des Korans durch den Erzengel Gabriel offenbart worden.

Laut diesem Erlaß war es Mohammed auferlegt, die Menschen aus ihrer Unwissenheit hinauszuführen, ihnen die Verehrung eines einzigen Gottes und die Befolgung jener Moral- und Gesetzessammlung zu befehlen, die, laut dem Islam, von Prophet zu Prophet aufgestellt worden ist: »Jede Nation hat ihren Ermahner«, lautet das Diktum. Der Islam, was »sich dem Willen Gottes unterwerfen«, bedeutet, wird deshalb nicht als eine neue Religion betrachtet. Laut dem Koran handelt es sich um eine moderne Offenbarung der Predigten von Moses und Jesus. Der Islam anerkennt – wie der christliche Glaube auch – die heiligen Schriften des Judentums; er anerkennt Jesus – was die Juden nicht tun – mit der Einschränkung, daß es sich dabei um einen göttlich inspirierten *Menschen* und nicht um ein göttliches Wesen handle.

All dies übte auf die weitere arabische Geschichte und auf den späteren Verlauf der Weltgeschichte einen entscheidenden Einfluß aus.

Nach den bei allen großen Religionsstiftern üblichen Verfolgungen und Anfechtungen sah Mohammed, daß sein Predigen möglicherweise ganz Arabien bekehrt hatte. Aber der Islam war für die ganze Welt bestimmt: es handelt sich dabei um etwas Fundamentales. Aus diesem Grunde mußte es verbreitet werden. Als Mohammed starb, hatte er gerade seinen Briefwechsel mit benachbarten Regenten vollendet, in dem er sie zur Annahme des islamischen Glaubens aufgerufen hatte.

Unter Mohammeds direkten Nachfahren strebten die Araber-Stämme, die erstmals in der Geschichte vereint waren, aus der Wüste hinaus und eroberten ganz Nordafrika bis zum Atlantik, das Heilige Römische Reich sowie das Gebiet der heutigen Türkei, Persiens und Afghanistans. Im Verlauf verschiedener aufeinanderfolgender Dynastien wurde der Islam zur gewaltigsten Macht auf Erden. Die Moslems gelangten bis an die Grenzen von Frankreich und Österreich, drangen weit ins Innere von China vor, überwältigten ganz Indien und marschierten in die russischen Steppen ein. Während vieler Jahrhunderte griffen die islamischen Gelehrtenzentren verschollene Wissenschaften neu auf und brachten sie zur Blüte – die Zentren wurden zu Anziehungspunkten für die Wissensdurstigen aller Länder. Der Islam hatte sich nun sowohl zu einer gemischten Zivilisationsform als auch zu einer Religion und Gesellschaftsordnung gewandelt. Mit dem Dazukommen persischer, indischer und europäischer Elemente ist eine Synthese entstanden. Tausend Jahre lang haben Wissenschaftler, Mystiker und Künstler stets einen offenen Teil der islamischen Welt gefunden, wo sie arbeiten konnten.

Dann folgte die Zerstörung der militärischen und kulturellen Kraft dieses neuen Weltstaates. Das Einfallen der heidnischen Mongolenhorden aus Zentralasien begrub die Moslems buchstäblich im eigenen Blut unter den Ruinen ihrer Städte, Siedlungen und Universitäten. Von diesem Schlag hat sich der Islam nie völlig erholt. Gewiß, schließlich anerkannten die Mongolen den islamischen Glauben, aber es war so viel verlorengegangen, daß ein Wiederaufleben beinahe achthundert Jahre in Anspruch nahm.

Saudi-Arabien wurde von der ottomanischen Türkei unterworfen. Tief in ihren Wüstenfestungen sind die Beduinen vom Lauf der Welt nur wenig berührt worden. Aber sie verwalteten ihr Erbe: den Besitz des Korans und das Wissen, daß sich ihre Macht unter den Arabern und Moslems von Spanien bis China erstreckt hatte.

Die Türken sind durch eine Allianz zwischen Beduinen,

Hidjas-Bewohnern und den Engländern aus Arabien vertrieben worden – T. E. Lawrence nahm innerhalb dieser Rebellion eine bedeutende Stellung ein.

Der nördliche Landesteil, Heimstatt der Wahhabiten, ist jedoch nie unter tatsächlich wirksamer Kontrolle der Türken gestanden. Noch vor dem Ersten Weltkrieg arbeiteten und kämpften die Saudis – d. h. die Familie Ibn Sauds – für eine Rückgewinnung der Macht über den Landesteil Nedjd, ihre ehemalige Heimat.

Um 1922 hatte der zwanzig Jahre alte Abdul-Aziz Ibn Saud die nördliche Festung von Riad erobert. Die Nachfahren des Propheten, die namentlich das im Süden gelegene Mekka regierten und mit den Briten am Abschütteln des türkischen Jochs zusammenarbeiteten, mußten ihren Platz räumen; sie gründeten ihre eigenen kleinen Königreiche im Irak und in Transjordanien. Saud machte sich selbst zum Herrscher über mehr oder weniger ganz Arabien.

Die erste Zeit seiner Neuorganisation des Landes vereinigte die Stämme friedlich unter dem Banner Sauds des Großen. Danach wurde der »entkräftete« Süden von schwerer Strafe heimgesucht, und sämtliche »Ausschweifungen« wurden abgeschafft. So verschwanden beispielsweise die Kuppeln der Minarette als der einfachen Haltung des Islam artfremde Einflüsse, und selbst ein Freund des Königs – mein Vater – ist einmal auf offener Straße durchgeprügelt worden, weil er sich eine Zigarette angezündet hatte.

Aber Ibn Saud war ein Weiterführen seiner großen Entwicklungspläne, die den Aufschwung für sieben Millionen Araber gebracht hätten, nicht möglich, ohne daß ihm mehr Geld zur Verfügung stand, als sich irgendein Araber damals vorstellen konnte. Während beinahe zwanzig Jahren war Saudi-Arabien einzig und allein von Zolleinnahmen und den wenigen Millionen Pfund abhängig, die jährlich von den Pilgern ins Land gebracht wurden.

Dann, im Jahre 1933, traf König Abdul-Aziz mit amerikanischen Firmen ein Übereinkommen, um nach Öl zu bohren.

Ein Veteran aus jenen Tagen erzählte, daß die Geologen überzeugt waren, daß sich irgendwo im wilden und abweisenden Wahhabi-Gebiet der Welt größte Erdöllager befänden. Aber es dauerte fünf Jahre, ehe das Ölbecken lokalisiert werden konnte. Danach ging es mit den Saudi-Arabern nur noch vorwärts.

Arabien ist zur Schlagzeile geworden. In den Tagen kurz vor dem Zweiten Weltkrieg kämpften Deutsche, Italiener und Japaner um Öl und Handelskonzessionen. Es hieß, daß Briten und Amerikaner im Streit lagen, weil die Briten angeblich am Ölgeschäft eine größere Beteiligung beanspruchten. Ibn Saud trotzte aller Gefahr – im Verlauf des letzten Krieges war er einer der wenigen neutralen Staatsmänner, die konsequent die Sache der Alliierten unterstützten.

Als Vichy Syrien in einem unsichtbaren Pro-Achse-Griff hielt und Rashid Ali el-Gailani im Irak revoltierte, schien den Vereinten Nationen alles verloren. Wie man mir in Riad erzählte, hätte Ibn Saud mit Leichtigkeit sein Los mit den Deutschen versuchen können – er hätte wenig zu verlieren gehabt. Von seinem Öl abgeschnitten, wären die britische und die amerikanische Flotte und Handelsmarine in diesem Erdteil gelähmt gewesen. Die Japaner hätten sich mit den Deutschen via arabische Küste verbünden und die Suez-Route zwischen Indien und Europa verunmöglichen können. Persien wäre damit umgangen gewesen. Die Araber glaubten so stark an den Wert der Ölfelder in Dhahran und im übrigen Nedjd, daß sie selbst dann, wenn die Deutschen den Krieg gewonnen hätten, überzeugt waren, daß ein auf die Sicherheit der Ölquellen aufgebauter Friedensvertrag möglich wäre. Wie stark die Amerikaner in diesem Gebiet auch sein mögen; kein einziger Tropfen Öl kann ohne die aktive arabische Freundschaft gefördert werden. Diese Zusammenarbeit konnte sich nur aufgrund des Saudi-Regimes entwickeln. Aber Saud hatte sein Wort gegeben.

Diese kurze Übersicht über die arabische Geschichte hält nur die Höhepunkte fest. Ibn Sauds Lebensgeschichte ist eines der klassischen Beispiele für den Kampf eines Mannes gegen

Widerstände, die Außenstehende beinahe unsinnig anmuten. Ebenso bedeutet der heute geradezu märchenhafte Reichtum der königlichen Familie keineswegs, daß diese sich auf Kosten aller anderen am Öl gesundgestoßen hat. Genau das Gegenteil ist der Fall.

Man stelle sich Saudi-Arabien im Jahre 1938 vor, als die ersten Lizenzzahlungen eintrafen; ein Land – so unterprivilegiert wie kein zweites auf der Welt. Es gab keine Straßen, beinahe kein elektrisches Licht, keine Flugzeuge, weder Fabriken noch Banken, keine Versicherungen und keine Staatspapiere, keine hygienischen Einrichtungen und keine Kanalisationen. Es gab eine einzige Zeitung und keine Rundfunkstation. Die Erziehung der Jugend lag in den Händen alter, oft blinder Geistlicher, die den kleinen Jungen den Koran auswendig lehrten. Außer Lehm und etwas Holz standen keine Baumaterialien zur Verfügung. Wo sollte man beginnen? Es blieb nur ein Ausweg. Ibn Saud kaufte das Ganze auf eigene Kosten.

Er umgab sich mit sämtlichen Talenten, die des Weges kamen. Die meisten dieser Männer waren noch bei ihm, als ich diesen Besuch in Saudi-Arabien machte und das Privileg hatte, mit ihnen zusammenzutreffen. Da war Scheich Abdullah El-Fadhl, das Finanz-Gehirn; Scheich Hafiz Wahba – ein Ägypter –, der scharfsinnige Diplomat; Scheich Abdullah Sulaiman aus dem Norden, der sich mit Wirtschaftsfragen befaßt, sowie der Syrer Fuad Bey Hamza, der das Land sicher durch manche Krise hindurchmanövriert hatte.

Saud, der Rashid Ali von einer gegen England gerichteten militärischen Aktion abriet, soll erwiesenermaßen gesagt haben: »... ich bin ein unerschütterlicher Freund Großbritanniens – ich habe diese Freundschaft von meinem Großvater Faisal Ibn Turk als Erbe übernommen. Wenn ein Freund in Not ist, handelt man um der Freundschaft willen nicht gegen ihn. Was mich persönlich anbelangt, so muß ich sagen: Wenn mir genügend Waffen zur Verfügung stünden, wäre ich Großbritannien zu Hilfe geeilt und hätte nichts gegen sein Interesse unternommen. Mit Ausnahme der Palästina-Frage hat Großbritannien nichts getan, was für Arabien von Nachteil wäre, und der gegenwärtige Krieg ist ein Kampf auf Leben und Tod. Wenn wir England nicht helfen können, so ist es unsere Pflicht, neutral zu sein. Das ist das mindeste, das ich tun kann.«

Obgleich König Ibn Saud Deutschland und Japan schließlich den Krieg erklärt hat, ließ er es nicht zu, daß dadurch das alte Gesetz arabischer und islamischer Gastfreundschaft beeinträchtigt wurde. Jenen Arabern, die während des Zweiten Weltkriegs die Achsenmächte unterstützt hatten und die nun vor den Alliierten bei ihm Zuflucht suchten, ist uneingeschränkter Schutz gewährt worden ...

Als ich nach meinem Besuch beim König von Riad nach Djidda zurückkehrte, erzählte man mir »im Vertrauen« von einem Ereignis, daß sich kurz vor meinem Zusammentreffen mit Ihrer Majestät ereignet hatte.

Jemand kam auf die Idee, daß ich irgendein Spion sei, und dieses Gerücht kam dem König zu Gehör. Ibn Saud entgegnete seinem Informanten in aller Öffentlichkeit mit Donnerstimme: »Er ist unser Gast! Wenn er ein Spion ist, so laßt ihn spionieren! Er wird der Stärke unseres Glaubens nichts anhaben können – und das ist unsere größte Macht. Und falls er kein Spion ist – was ich glaube –, dann wird dich Allah mit seiner ganzen Kraft bestrafen, denn für Intriganten gibt es keine Gnade!«

Aber ich hatte von diesen Gerüchten, die meinem Besuch bei Hofe vorausgeeilt waren, nichts gewußt und setzte meine Vorbereitungen zur Reise nach Mekka, zum Schrein des Schwarzen Steines, fort.

Willst du beides, das Ei und den Eierkuchen?

Sprichwort

Die Toten bauen auf die Lebenden.

Sprichwort

Pilgerfahrt nach Mekka

Pilgerfahrt nach Mekka

Die Stadt war voller sich schiebender, stoßender Pilger: alte und junge, Männer und Frauen, Weiße, Gelbe und Schwarze. Sie drängten sich durch den alten und den neuen Teil der Stadt, kauften Proviant für die Reise nach Mekka, trafen Vorkehrungen für den Transport nach der Heiligen Stadt oder warteten auf Freunde, mit denen sie, vielleicht vor einem Jahr und mehrere tausend Kilometer entfernt, eine Verabredung in Mekka getroffen hatten.

Obwohl ziemlich viele Pilger die harte Wegstrecke nach dem südlichen Mekka durch die Nedjd-Wüste zu Fuß zurücklegen, gelangt doch der größte Teil über Djidda nach Saudi-Arabien; entweder auf dem Seeweg oder via den neuen, äußerst eindrücklichen Flughafen. Die Veränderung, die mit all diesen Menschen stattfindet, sobald sie das ihnen heilige Land erreicht haben, muß man gesehen haben, um es glauben zu können. Man sagt, daß eine Pilgerfahrt einen guten Menschen besser mache – daß sie jedoch einen schlechten Menschen besser oder noch übler machen könne. Was immer daran auch wahr sein mag, so besteht absolut kein Zweifel darüber, daß eine starke Gemütsbewegung, wie man sie nie zuvor erfahren hat, selbst den verwestlichtsten Moslem befällt, wenn er den Fuß nur schon auf die »weltliche« Erde – oder den Sand – von Djidda setzt.

Nebst den regulären Flügen der Saudi-Arabian Airways und anderer Fluggesellschaften treffen auf dem Flughafen von Djidda ununterbrochen Chartermaschinen aus Indien, Pakistan sowie aus anderen arabischen Staaten, ja sogar aus dem weitentfernten Indonesien ein.

Die heutige Atmosphäre Djiddas unterscheidet sich kaum von jener zahlreicher anderer Städte des Mittleren Ostens. Dieselbe unerbittliche Sonne glüht hier auf eine Mischung von modernen Bürogebäuden aus Stahl und Beton und Bauten türkischen und arabischen Stils hernieder. Zur Straßenseite weit geöffnete Kaffeehäuser, Geldwechsler, Verkäufer von Süßigkeiten und kalten Getränken – alles ist vorhanden. Dennoch ist die nicht-moslemische Bevölkerung geringer vertreten als in den meisten arabischen Städten. Ein Stadtteil beherbergt die prächtigen ausländischen Gesandtschaften und Konsulate.

Unter den Pilgern selbst herrscht jenes seltsame Gefühl einer »anderen Welt«. Nachdem die erste Begeisterung über die schlußendliche Ankunft auf saudi-arabischem Boden verflogen war, sprach ich das formelle Gelübde, das jeder Pilger ablegt, und fühlte mich auf einzigartige Weise von der übrigen Menschheit abgeschnitten. Dinge, wie die Gewohnheit, zu rauchen, sich zu sorgen, was von einer Stunde zur andern geschehen könnte, ja selbst meine Zukunftspläne – all dies schien in einer umfassenden und äußerst willkommenen Bedeutungslosigkeit zu versinken.

Ich führte mein Tagebuch nicht mehr weiter und fühlte mich von einem Gemeinschaftssinn mit Zehntausenden von weißgewandeten Mitbrüdern beinahe gedrängt, Teile heiliger islamischer Schriften zu lesen und zu rezitieren. Man spürte das Bedürfnis nach Kommunikation mit einer mächtigeren, viel umfassenderen Kraft als der Menschheit. Obwohl es immer wieder gesagt worden ist, daß der menschliche Geist einen Vermittler benötige – sei es einen Menschen, Stock oder Stein, ein Idol oder ein Bild –, um sich auf das Göttliche konzentrieren (geschweige denn es verstehen) zu können; wir, die Pilger auf dem Weg nach Mekka, verspürten kein derartiges Bedürfnis.

Wir befanden uns nicht dort, um die Kaaba oder den Schwarzen Stein zu verehren. Wir beteten weder einen Menschen an, noch schrieben wir irgend jemanden oder irgend etwas göttliche Rechte oder eine göttliche Eigenschaft zu – und dies dank einer Kraft, die wir uns im Geiste nicht vor Augen stellen konnten. Letzteres schien uns weder wünschens- noch hoffenswert. Dennoch waren wir alle von einem Gefühl der Zufriedenheit erfüllt, dem eine Erregung darüber zugrunde lag, daß wir etwas erreichen würden, auf das wir alle hingearbeitet hatten: an einem Ort anzukommen, der unseren Herzen teuer war. Wir standen kurz vor der Erfüllung. Das war es, was wir erwarteten – und das entsprach auch dem Gefühl, das wir alle empfanden, als wir das heilige Mekka tatsächlich erreicht hatten.

Unter meinen Mitpilgern machte ich so viele Menschen unterschiedlicher Herkunft – sozialer und anderer Natur – als möglich aus. Es wäre schwierig, wollte man eine ethnische Gruppe, eine soziale Klasse oder jedwelche andere Typisierung nennen, die nicht vertreten gewesen wäre. Abgesehen von den zahlreichen Pilgern aus Indien, Pakistan und Indonesien (wo die Mehrheit ausländischer Pilger herstammt) »sammelte« ich u.a. Kurden, Bosniaken, Hadendowas, Tadjiken – und einen Japaner.

Einige waren ehemalige Juden, andere hatten sich früher zum Christentum bekannt – es befand sich ein ehemaliger Kommunist darunter, der mit einem außerordentlich reichen Geschäftsmann aus Kenia in enger Freundschaft verbunden war.

Mit Sandalen und neuen weißen Gewändern angetan, erforschten wir die faszinierenden Seitengassen der Altstadt, diskutierten dabei Theologie und islamische Geschichte und erzählten einander Episoden aus unserem Leben. Im Verlauf dieser Gespräche, die während des Wartens auf unsere vereinbarten Transporte nach Mekka stattfanden, konnte ich jene Veränderung genauer beobachten, die offenbar über diese Menschen gekommen war, seit sie vor einigen Stunden oder Tagen aus den entferntesten Winkeln der Erde hier eingetroffen waren.

Ihren Worten konnte ich entnehmen, daß einige von ihnen noch bis vor kurzem zu der zungenfertigen, durch und durch langweiligen Sorte mittelöstlicher Intellektueller gehört hatten, die von vielem ein wenig wissen und dies allen zu Gehör bringen müssen, sobald sie es zu artikulieren vermögen – was nie lange dauert. Nun, im Hinblick auf den Besuch Mekkas und der Steinigung der ehemaligen Götzenbilder sprachen und handelten sie so vernünftig, daß es selbst ihre eigenen Familien überrascht hätte.

Es waren zumindest drei reiche Geschäftsmänner dabei: einer aus Mombasa, ein Textil-Magnat aus Bombay und als dritter ein Reeder aus Dacca. Von unterschiedlicher Rasse und Sprache, unterhielten sie sich in Englisch. Ich bin ziemlich sicher, daß jeder geschäftliche Kontakt mit diesen drei Männern – dank deren Scharfsinn – einen Gewinn abgeworfen hätte, auf den der Durchschnittsbürger nie hoffen könnte. Sie hatten jenes erfolgreiche, durch eine Hornbrille akzentuierte, gepflegte Aussehen, das überall dem Magnaten eigen ist. Zwei von ihnen waren im eigenen Flugzeug angekommen, aber hier in der milden Nachtluft von Djidda, während sie am Ufer der inneren Bucht saßen, unterschieden sich ihre Gedanken und Reaktionen in keiner Weise von jenen der sanftmütigen ungeschulten Dienerschaft, die sie mitgebracht hatten und deren Aufgaben sie mitzutragen halfen.

Allein diese Veränderung stellt für mich eines der Wunder der Pilgerfahrt dar. Obwohl ich zugestehen muß, daß ich nicht besonders kritisch war, so beeindruckte mich die Offenheit und Ruhe dieser Menschen. Ich verspürte nie die geringste Spur von Heuchelei, nie einen Rückfall in das weltmännische Gehabe, das seit zwanzig Jahren – und länger – zu ihrem Alltag gehörte.

Kaum waren sie in Djidda angekommen, brachen die Pilger auch schon nach Mekka auf – sie zogen ostwärts zur Heiligen Stadt. Einer schäumenden, brandenden Flut gleich bewegte sich das Menschenmeer ununterbrochen vorwärts: ohne Schuhe, Bündel und Pakete schleppend, auf Maultieren und Eseln, unter Sonnensegeln auf Kamelen, die ärmeren und altmodischeren Gläubigen zu Fuß. Lastautos und Busse – alle bis zum Rand mit Pilgern und noch mehr Pilgern angefüllt – sowie funkelnde neue Amerikanerwagen beherrschten die Straßenmitte und ließen das schwarze makadamisierte Band als farbiges bewegliches Relief erscheinen. Der andächtigen, hingebungsvollen Menge entdrang ein Schall, der die flimmernde Hitze beinahe mit physischer Kraft zu zerspalten schien: »Labbayk, Allahumma, Labbayk! – Hier sind wir, o Herr, vor dir!«

Als mein Wagen, an den gold-grünen fürstlichen Palästen vorbei, aus dem Zentrum von Djidda hinausfuhr, packte mich dieses Gefühl von Geräusch und Bewegung, das von dieser beinahe unglaublichen Menschenmenge ausging, mit zunehmender Stärke.

Gruppe auf Gruppe weißgewandeter, kahlgeschorener Gläubiger zog vorbei. Einige hundert Soldaten, die in rhythmischem Einklang sangen, gewannen mit ihren schneidenden Stimmen kurz die Oberhand über die unkoordinierte Litanei der Fußgänger: »Labbayk, Allahumma, Labbayk! Labbayk, la sharikalak: LABBAYK! Inna al-hamda, wa anniamata – la-ka w'al mulk! *La sharikalak!*«

Ich fühlte, wie mir das Blut zu Kopfe stieg, als die betonten Worte einer hypnotischen Macht gleich in mein Bewußtsein eindrangen. »Hier sind wir, o Herr, vor dir, der du nicht deinesgleichen hast!«

Absolute Unteilbarkeit und unumschränkter Besitz aller Macht sind laut dem Islam die erhabensten Eigenschaften, die allein Allah zugestanden werden.

An den vorbeifahrenden Lastwagen bemerkte ich das Zeichen des Schwertes und der Dattelpalme – das Wahrzeichen Saudi-Arabiens. Darunter stand in arabischen Buchstaben das Motto: Es ist kein Gott außer Allah, und Mohammed ist sein Prophet.

Zu dem regen motorisierten Verkehr auf der Autostraße bildete der weiße Strom von Gläubigen, die sich zu Fuß vorwärtsbewegten, einen recht trägen Gegensatz: Männer und Frauen, Kinder und deren Hüterinnen, Fremdenführer und Diener. Warum gingen sie zu Fuß? Viele davon sind arm – die meisten jedoch marschieren diese letzten achtzig Kilometer bis Mekka, weil sie entweder ein Gelübde erfüllen wollen, oder weil sie empfinden, daß sich größere Demut und Gottesfurcht darin zeige, daß man die Heilige Stadt wie Mohammed vor beinahe vierzehnhundert Jahren zu Fuß betrete. Obwohl er ein Eroberer war, marschierte er mit seinen vier Gefährten zu Fuß zu Abrahams Schrein, um dort die mehr als dreihundert Götzenbilder zu zerstören und bei der Bevölkerung dieses Landes die Verehrung eines einzigen Gottes einzuführen.

So weit das Auge reicht, ist auf dieser harten und beschwerlichen Reise nichts zu sehen außer den wellenförmigen Dünen aus feinstem hellbraunen Sand. Da und dort führt eine Beduinenfrau ihr Kamel zu einem Brunnen.

Formlosigkeit ist das einzige Wort, um die von uns durchquerte Ebene zu beschreiben. Nichts hob sich von der Wüste ab, das an die Jahrhunderte erinnert hätte, die vergangen sind, seit Arabien einen Mann hervorgebracht hatte, der zum Eingebenden für Millionen Menschen werden sollte. Man hätte sich in die Tage von Mohammeds Mission zurückversetzt glauben können.

Da meine Sinneskräfte plötzlich zuzunehmen schienen, wurde ich der erstaunlichen Vielfalt an Physiognomien innerhalb der ungestümen Menge gewahr. Gleichförmig in lose Tücher gehüllt – die Männer mit einer unbedeckten Schulter –, schienen sich dennoch kaum zwei Menschen zu gleichen. Blonde, blauäugige, stämmige Syrier und anatolische Bauern marschierten an der Seite von Pathan-Bergleuten mit Hakennasen und schwarzem gelocktem Haar. Sudanesische Stammesangehörige mit scharf geschnittenen Gesichtszügen und Markierungen auf ihren Wangen, die den jeweiligen Herkunftsort bezeichneten, schritten neben kleingewachsenen dicken, rundgesichtigen Indern, die offensichtlich mehr in sitzenden Berufen tätig waren. Ein weniger als fünf Fuß großer Javaner schien noch kleiner neben einer dünnen großgewachsenen Frau mit kupferrotem Haar, die betend die neunundneunzig aus hellem Bernstein bestehenden Kugeln des Rosenkranzes durch die Hände gleiten ließ. Jeder Hinweis auf Rang oder Würde, jede Offenbarung von Arroganz oder Selbstsucht, jegliche Spur kleinlicher Individualität war verschwunden.

Hier war eine Ansammlung von Menschen, wie sie aufzutreiben gewiß nicht einmal Hollywood erhoffen dürfte. Zweifellos aufs innigste darauf bedacht, Mekka zu erreichen, waren sie weder ein lärmender Haufen noch eine zufällige Versammlung von Reisegefährten. Soviel war aus ihrem Verhalten ersichtlich. Wenn jemand strauchelte, hielten seine Kameraden an und halfen ihm. Es entstand keine wilde Panik, wenn ein Lastwagen umstürzte und die hundert Insassen über die langsam marschierende Menschenmenge schüttete. Jene, die sich in nächster Nähe des verunglückten Vehikels befanden, blieben stehen und halfen den grün und blau Geschlagenen auf die Beine. Niemand schien ernsthaft verletzt zu sein. Die Nachkommenden machten einen kleinen Bogen um die Unfallstelle, ohne sich neugierig zusammenzuscharen. Die herrschende Ruhe wäre unter anderen Umständen oder an einem anderen Ort unnatürlich erschienen. Hier verwendete ich darauf kaum mehr als einen kurzen Gedanken.

Die Straße ist von erstklassiger Beschaffenheit und aufgrund des ununterbrochenen motorisierten Verkehrs sandfrei – im südlichen Saudi-Arabien gibt es nämlich keine Eisenbahnverbindungen, obwohl nun die alte Linie aus dem Norden (die von T. F. Lawrences Arabern zerstört worden war) im Hinblick auf eine erneute Inbetriebsetzung begutachtet wird.

So zogen wir in dieser unaufhörlichen Menschenschlange dahin, als die Straße jäh in das eisengefärbte Vorgebirge anzusteigen begann, hinter dem sich die Heilige Stadt befindet. Dieser steile Straßenteil ist von Bulldozern – die noch heute an gewissen Stellen tätig sind – regelrecht aus dem Gestein herausgehauen worden.

Das Auto fährt durch diesen schmalen, kurvenreichen, von Menschenhand geschaffenen Hohlweg, während uns so etwas wie ein kurzer, köstlich erfrischender Windstoß zu streifen scheint. Nach einer Biegung ist plötzlich ein Schild zu sehen, auf dem in Arabisch und Englisch zu lesen steht:

> HALT
> SPERRGEBIET!
> ZUGANG NUR FÜR MOSLEMS GESTATTET.

Saudi-Wächter, einige mit dem für das Nedjd charakteristischen Rohrstock ausgestattet, andere mit Maschinengewehren in der Hand, nähern sich, um unsere Ausweispapiere zu begutachten. Kleine drahtige Männer, deren kriegerisches Gehabe von der Khakiuniform und dem grünen arabischen Kopfputz noch unterstrichen wurde.

Vorkehrungen für Transportmöglichkeiten, Führer und hundert andere Gefälligkeiten für bis zu einer Million Pilger bilden eine äußerst schwierige Aufgabe, der die damit beauftragte Verwaltungsbehörde reibungslos nachkommt.

Den Identitätsausweisen, Urkunden und der Quarantäne wird so große Bedeutung beigemessen, daß ich eine riesige Erleichterung darüber empfand, daß ich weder diesen noch andere Posten unter falschen Angaben zu passieren suchte. Es heißt, daß Nicht-Moslems unerkannt nach Mekka gelangt seien. Ehe ich dies glaube, möchte ich einen solchen Menschen zuerst persönlich sprechen – es ist nicht schwierig, ziemlich genaue Details über die Pilgerfahrt zu erfahren und diese dann als eigenes Erlebnis zu Papier zu bringen. Aber ich bezweifle, daß seit Burton je ein Nicht-Moslem die Pilgerfahrt tatsächlich ausgeführt hat. Während es durchaus möglich ist, daß dies einem Betrüger gelungen sein könnte, bin ich völlig überzeugt, daß die Schwierigkeiten heute enorm viel größer sind als zur Zeit der türkischen Oberherrschaft. Saudi-Arabien verfügt über alle modernen Ermittlungs- und Kontrollverfahren – und es wendet sie in der Praxis auch an.

Damit soll keineswegs gesagt sein, daß es nicht »eine überraschend große Zahl« – so ein Polizeibeamter – versucht hätte ...

Nach diesem Punkt, einundzwanzig Kilometer von der Stadt entfernt, scheinen die Ruinen verlassener türkischer Festungen in der glutheißen Stille der Wüste vor sich hin zu brüten. Diese Bollwerke sind von den Osmanen als Versuch errichtet worden, die Gefahr des Banditentums zu bekämpfen: aber es brauchte Ibn Sauds unerbittliches Recht, um die Straßenräuberei im Hidjas auszurotten. Ehe der arabische Napoleon die Macht übernommen hatte, pflegten sich Räuberbanden plündernd und mordend auf die Pilgerkarawanen zu stürzen. Die Durchführung des Hadj wurde als ein derart gefährliches Unternehmen erachtet, daß die Pilger, ehe sie nach Arabien aufbrachen, ihre Testamente verfaßten und von ihren Familien »endgültig« Abschied nahmen. Da die Pilgerfahrt jedoch einen der fünf Hauptträger des Islam darstellt, ist deren Vollziehung für alle Gläubigen obligatorisch. Die andern vier Träger sind Gebet, das tagsüber eingehaltene Fasten während des Ramadan-Monats, Glaubensbekenntnis zur Einheit Gottes und dem Prophetentum Mohammeds sowie die Gabe von Almosen.

Innerhalb der Sperrzone, wo kein Leben – nicht einmal dasjenige eines Tieres – bestehen kann, hielten wir an, um Dankgebete zu verrichten.

In der Nähe jenes Ortes, wo eine weitere türkische Festung unbeachtet zur Ruine zerfällt, hatte der König einen Unterstand mit einem Brunnen für die staubübersäten Gläubigen errichtet. Dieser hier war von Ibn Saud eigenhändig gebaut worden – heute finden sich solche Brunnen in regelmäßigen Abständen der ganzen Straße entlang.

Wir zogen weiter. Unser Ziel konnte nicht mehr fern sein. Als wir Gruppe für Gruppe mühsam wandernder Gestalten überholten, die ihren Rosenkranz beteten oder Abschnitte des Korans rezitierten – den viele vollständig auswendig konnten –, war auf allen Gesichtern Spannung zu lesen.

Wie wir in rascher Fahrt den vielfarbigen und dennoch unfreundlich aussehenden Felsen entlangfuhren, tat sich plötzlich vor unseren Augen das blendend weiße Panorama von Mekka auf – dort unten lag es, von seinen sieben Hügeln umgeben. Das Auto fuhr langsamer, weil von den Lippen des Fahrers nochmals dieser freudige, unkontrollierte Ausruf kam, der von jedem Pilger wiederholt wird: »Wir sind hier, o Herr!«

Das war nun Mekka. In einer Mulde erbaut, von finster wirkenden Felsspitzen umgeben, vermitteln die mehrstöckigen Häuser aus der Ferne gesehen einen seltsam modernen Eindruck. Gleichwohl geht von dem Gesamtbild, das die aus weißem Stein vor den zerfurchten dunklen Felsen erbaute Stadt bietet – zumindest für einen Pilger –, etwas nahezu Berauschendes aus.

Ich erinnere mich deutlich, wie ich die Häuser, die breiten Straßen, die geschnitzten hölzernen Fensterläden betrachtete und dabei dachte: »Hier bin ich. Mag kommen, was will – ich habe Mekka gesehen. Ich bin in Mekka angekommen. Dies ist Mekka, die Heilige ...«

Wäre ich zu Fuß gewesen, so bin ich sicher, daß ich vorwärts gerannt wäre, mich in den Sand geworfen und irgendwie meiner Freude Ausdruck verliehen hätte. Der Fahrer hatte unser Auto zum Stillstand gebracht und deklamierte die erste Sure des Korans: »Die Öffnende«.

Ich schaute rückwärts, um die Wirkung zu sehen, die der erste Blick auf Mekka bei den andern Pilgern auslöste. Es mag Erschöpfung oder ein anderer Grund gewesen sein: aber die unvermeidliche Reaktion aller Pilger war, daß sie beim Anblick von Mekka im Gehen innehielten – daß sie regungslos stehenblieben. Zuerst war auf jedem Gesicht beinahe ein Ausdruck von Zweifel zu sehen, dann erhob sich mit zunehmender Stärke der Ruf: »Es ist kein Gott außer Allah, und Mohammed ist sein Prophet!«

Die Worte widerhallten in der zunehmenden Dunkelheit: kein liturgischer Gesang, kein Lied – beide sind im Islam wegen des strengen Verbots jeglicher Zurschaustellung in der Religion nicht gestattet. Es war vielmehr ein Schrei des Entzückens, der Hoffnung, der Erfüllung ... LA ILLAHA ILLA ALLAH: MOHAMMED AR RASUL ALLAH ...

Diese Worte bilden das Glaubensbekenntnis: die erste Stütze des Islam. Es sind jene Worte, die von jedem Neugeborenen islamischen Glaubens als erstes gehört werden sollten, der Satz, der jeden Moslem dem andern gleichsetzt, der »Vertrag«, dessen Hersagen den Moment der Glaubensbekehrung eines Menschen begründet. Es ist dies in der gesamten Welt des Islam Teil des Gebetsaufrufs und eines jeden persönlichen oder in der Gemeinde vollzogenen Gebets. Es bildet das Motto des Hauses Saud, den Kriegsruf der Rifkabylen, der Türken, Araber und Afghanen; es ist auch einer jener Sätze, die bei nahezu jeder Gelegenheit – von der Heirat über eine Geburt bis zum Tod – Verwendung findet. Von jedem Moslem wird erwartet, daß er mit keinen anderen Worten auf den Lippen stirbt ...

Die friedliche Menschenmasse strömt nun an unserem stillstehenden Wagen vorbei – der Fahrer kuppelte ein, und schon befanden wir uns auf der letzten kurzen Teilstrecke einer Reise, die, in religiösem Sinne, mit dem Tag unserer Geburt begonnen hatte.

Größere Mengen Wasser, nach denen man mit modernen technischen Hilfsmitteln gebohrt hatte, haben das Erscheinungsbild der Stadt wesentlich verändert.

Zwei Jahrzehnte früher war in Mekka nur ein einziges Stück Vegetation vorhanden gewesen: »*der* Baum«, den man den Leuten einst als Wunder gezeigt hatte. Heute finden sich überall Gärten und Palmenhaine. Wasser wird von Leuten aus dem Westen und von solchen, die aus grüneren Ländern kommen, als Selbstverständlichkeit vorausgesetzt. Man überlege sich, welch unschätzbare Gabe es im trockenen Osten darstellt. Kein Wunder, daß der Araber der Wüste, ehe er seinen Durst löscht, einige Tropfen des kostbaren Nasses auf den Sand gießt und dabei murmelt: »Laßt die Erde trinken – sie ist wesentlicher als ich!«

Noch immer kann sich nur einer von tausend Moslems jährlich nach Mekka begeben, und (im Durchschnitt) einer von zehn gelangt einmal im Leben dorthin – obwohl die Pilgerfahrt und der Besuch von Allahs Haus eine Verpflichtung ist, die allen obliegt.

Nach einer abschließenden Untersuchung unserer *bona fides* erlaubte man uns das Betreten der geheiligten Stadt. Überall fanden sich dort Zeichen modernen Fortschritts: Bauen schien beinahe das Hauptgewerbe zu sein. Der vorhandene Raum wird so knapp, daß nun neue Villen immer höher und höher in die umgebenden, an gewissen Stellen schroff auf die Straße hinausragenden Felswände gebaut werden.

Mitten im Herzen der Stadt befindet sich das Hauptheiligtum des Islam: die große Moschee und das Allerheiligste, die Kaaba. Von starken Mauern umgeben, wird die Stätte von grimmigen, aufmerksamen Wahhabiten bewacht. Eine weitausgedehnte Arena wird von Minaretten überragt, von denen aus der Aufruf zum Gebet erfolgt; heute wird dieser Aufruf mit Hilfe von Verstärkern in jede Ecke innerhalb der geheiligten Mauern übertragen. Nicht weniger als neunzehn gewölbte, reich mit farbigen geometrischen Mustern geschmückte Tore führen durch die Mauern des *Haram* – des Allerheiligsten. Rund um die vielen hundert Meter Schutzwall sind in makelloser Schrift Zitate aus dem Koran angebracht. Photographieren oder das Verfertigen von Bildern jeglicher Art ist in diesem geweihten Umkreis durch Wahhabiten-Gesetz verboten.

Einmal durch eines dieser Tore ins Innere gelangt, zieht der Gläubige die Schuhe aus und schreitet, nur mit seinem Baumwolltuch bekleidet, auf die hoch aufgerichtete, mit schwarzem Stoff umhängte Kaaba zu, jenen Kubus, der sich in der Mitte des Allerheiligsten befindet. Der geweihte Bezirk selbst besteht aus einem großen, unüberdachten Rechteck, das auf seiner Innenseite von gewölbten Säulenhallen umgeben ist, die Kreuzgängen ähneln. Von der Kaaba aus führen breite Fußpfade aus weißem Marmor zu den verschiedenen Toren.

Obwohl es im Islam keine Priesterschaft gibt, muß eine riesige Anzahl ausländischer Pilger, denen die gebräuchlichen Gebete und Ehrerbietungen nicht bekannt sind, die Dienste weltlicher Führer in Anspruch nehmen, die allgemein als *Mu-*

tawwifin bezeichnet werden. Letzteres bedeutet: »Jene, die zum Umkreisen befähigen.« Viele davon sind freiwillige Helfer, und alle sind äußerst sprachgewandt. Es soll ungefähr tausend solcher Führer geben, welche die Pilger, nach nationalen Gruppen geordnet, durch die Zeremonien geleiten. Manch einer ist ein geschickter Kaufmann in Sachen Gottesfürchtigkeit.

Ich kam nachts in Mekka an und mußte bis zum Morgen warten, um den afghanischen *Mutawwif* zu treffen, der mir als Führer beistehen sollte.

Bevor ich jedoch mit dem eigentlichen Ritual der Pilgerfahrt an der Kaaba begann, beschloß ich, das Heiligtum der Kaaba erst mal zu besuchen.

Ich ging über den hell erleuchteten, gedeckten Markt, der sich entlang der Mauer des Heiligtums zieht, zu dem Eingangstor, wo sich die Buchläden befinden. Als ich mich dem Tor näherte, schwand das sich steigernde Gemurmel von abertausend Stimmen, die ihre Gebete wiederholten, aus meinem Bewußtsein – denn plötzlich erblickte ich den schwarz verhangenen Granitkubus, der sich, jenseits einer Reihe mächtiger Säulen, strahlend von seiner marmornen Umgebung abhob.

Elektrisches Licht hat die alten Öllampen des Allerheiligsten ersetzt. Doch selbst in dieser harten Helligkeit behielt dieses riesige Rechteck jene magische Eigenschaft und Faszination aus einer andern Welt bei, die so oft von Pilgern beschrieben worden ist.

Ich hielt von Staunen ergriffen inne, die Sinne schwanden mir beinahe – ich war zweifellos zutiefst berührt. Eine Gruppe kürzlich eingetroffener Pilger ging, von ihrem *Mutawwif* geführt, an mir vorbei und bahnte sich dem marmornen Pfad entlang langsam ihren Weg auf den Kubus zu. Bald hatte sie sich den ununterbrochen im Kreise herumgehenden Gestalten angeschlossen, die bereits den geheiligtsten Ort des Islam entgegen dem Uhrzeigersinn umschritten.

Ich ging auf den als *Kibla* bezeichneten Punkt zu, dem sich jeder Moslem täglich fünfmal bei seinen Gebeten zuwendet.

Da ich in den entsprechenden Vorschriften noch nicht genug unterwiesen worden war, um mich den eigentlichen Zeremonien anschließen zu können, nahm ich ungefähr zehn Meter vom Kubus entfernt eine ehrerbietige Haltung ein, um die üblichen beiden Dankgebete zu verrichten. Das Allerheiligste ist so atemberaubend groß, daß es – das Ziel jedes Pilgerherzens – der am wenigsten überfüllte Ort in ganz Mekka zu sein schien. Rechts von mir verneigten sich zweihundert afrikanische Pilger gegen die Kaaba – sie schienen jedoch nur einen verschwindend kleinen Teil des Innenhofes einzunehmen.

In der Nähe der Kaaba befindet sich der »Platz Abrahams«, wo der Patriarch bei der Verrichtung seiner Gebete gestanden haben soll. Früher hatte jede der vier überlieferten Schulen des Islam ihren eigenen Gebetsplatz, wo sich die Hanefiten, Hanbaliten, Malikiten oder Schafiiten aufgestellt hatten. Seit die sittenstrengen Wahhabiten Mekka übernommen haben, sind diese Unterscheidungen abgeschafft worden, wenngleich die Gebäulichkeiten (die zutreffender als kleine Bogengänge bezeichnet werden) auch heute noch zu sehen sind.

Einige Meter weiter befindet sich der Semsem, jener heilige Brunnen, von dem man glaubt, daß er seinen Ursprung in der Quelle hat, die auf wunderbare Weise in der Wildnis entsprungen war, um den Durst von Hagar und deren Kind zu stillen (Genesis 21,19.). Alle Pilger trinken von diesem Wasser, und einige tauchen einen Zipfel ihres Gewandes hinein, um es dereinst möglicherweise als Grabtuch zu verwenden. Tag und Nacht patrouillieren an diesen Örtlichkeiten, genauso wie an den Toren, rohrstockbewaffnete Saudi-Wächter, die jeder Übertretung des Schicklichen gegenüber äußerst wachsam sind.

Nirgends war ein Zeichen von der überaus großen Anzahl Tauben zu sehen, die das Heiligtum tagsüber überfluten. Etwas Sonderbares ist in diesem Zusammenhang die Tatsache, daß sie nie den Umhang der Kaaba beschmutzen, obwohl sie von einer Bewegung innerhalb der Pilgerschar öfters dazu veranlaßt werden, darüber hinwegzufliegen. Wie ich später immer wieder bemerken sollte, lassen sie sich auch nie auf dem Kubus selbst nieder, und dies, obwohl Wege, Sand, Brunnen und Zeltplanen von Zeit zu Zeit mit sitzenden und einherstolzierenden Vögeln überfüllt sind. Diese Eigentümlichkeit ist seit Jahrhunderten beobachtet worden. Wie meine Vorgänger konnte auch ich für das ungewöhnliche Verhalten der Vögel keine Erklärung finden.

Sobald sich eine Gruppe Pilger von der Kaaba entfernt, nehmen andere deren Platz ein. Das ganze Jahr, Tag und Nacht schreiten die Gläubigen ununterbrochen im Kreis herum, bewegen sich langsam, pausenlos um die Kaaba, erheben demütig besondere Bitten, rezitieren die entsprechenden Gebete und küssen den Schwarzen Stein, der an der unteren südöstlichen Ecke des Kubus eingesetzt ist. Viele – wenn nicht gar alle – Einwohner der Stadt kommen täglich zu einer bestimmten Stunde hierher, um diese Zeremonie zu verrichten.

Von einem silbernen Rahmen umschlossen, ist der berühmte Stein direkt im schwarzen Granitblock der Kaaba eingelassen. Seine Geschichte ist interessant, doch wird sie im allgemeinen von Nicht-Moslems mißverstanden. Selbst noch heute verwechseln gelehrte westliche Orientalisten die Kaaba mit dem Stein.

Der Stein wird von jedem Gläubigen nach der siebten Umschreitung des Kubus geküßt. Jedesmal, wenn er an ihm vorbeischreitet, erhebt der Pilger seine Arme und dreht dabei seine Handfläche gegen den Stein. Diese Aufmerksamkeit wird dem Stein nicht als Akt des Glaubens oder der Verehrung entgegengebracht, sondern lediglich deshalb, weil er das einzige noch vorhandene Relikt darstellt, das vom Propheten Mohammed berührt worden war, und weil er angeblich als ein Zeichen für Adam vom Himmel heruntergeworfen worden ist. Es heißt, daß er meteorischen Ursprungs sei, aber ich bin da völlig anderer Überzeugung.

Erstens ist er nicht schwarz – wie ich später bei Tageslicht feststellen konnte –, sondern eher von der Farbe und dem Aussehen dunklen Bernsteins. Ich klopfte gegen seine Oberfläche, die sich deutlich weder als steinern noch als metallen erwies. Ich würde sagen, daß der Stein aus einer vollkommen unbekannten Materie besteht, die ich wiedererkennen würde, die sich jedoch analog nicht beschreiben läßt. Er scheint wahrnehmbare Eigenschaften zu besitzen, die sich nicht definieren lassen, die dem Auge und den Händen jedoch einen charakteristischen Eindruck vermitteln. Man würde die Materie wiedererkennen, falls man ihr je erneut begegnen sollte.

Die reich bestickte *Kiswa* (Umhüllung) der Kaaba ist an der Ecke, wo sich der Stein befindet, offen, um den Pilgern Zugang zu gewähren. Die silberne Einfassung ist von außerordentlicher Beschaffenheit und zeigt die Form einer umgekehrten Schüssel mit einem großen kreisförmigen Loch, in das man seinen Kopf hineinhält, um den Stein zu küssen. In der Mitte des Steins befindet sich eine mehrere Zentimeter tiefe Mulde, die von den Millionen Küssen der Pilger eingegraben worden ist.

Es gibt eine Geschichte, die auf die Zeit Mohammeds zurückgeht, und von der man annimmt, daß sie eines seiner ersten Anzeichen von Weisheit aufzeige. Als er ein kleiner Junge war, erhob sich zwischen den vier einflußreichsten Sippen Mekkas ein Streit, wer von ihnen die Ehre haben sollte, ein Oberhaupt zu bestimmen, das den Stein an den Ort zurückbringen müsse, von wo er für den Verlauf von Reparaturen an der Kaaba entfernt worden war. Die Gemüter erhitzten sich; und letztendlich beschloß man – in Übereinstimmung mit der stets gleichbleibenden Sitte der Omenbefragung –, daß die erste Person, die das Allerheiligste betreten würde, die Wahl treffen dürfe.

Wie es das Schicksal wollte, war es der junge Mohammed. Als man ihm die Streitfrage vorlegte, erwarteten alle, daß er dem Kandidaten seines eigenen Stammes, der Koraisch, den Vorzug geben würde. Statt dessen erteilte er den Rat, daß ein Oberhaupt jeden Stammes jeweils die Ecke eines großen Tuches fassen solle, in das man den Stein legen würde – auf diese Weise könnte die Aufgabe gemeinsam gelöst werden. Mohammed hob den Stein selber auf das Tuch, um diesbezügliche Komplikationen zu vermeiden.

Diese Geschichte gehört zu jenen Berichten, die zeigen, daß die Bedeutung des Steines auf die Zeit vor Mohammed zurückgeht. Aber der Stein konnte nicht eines jener dreihundert Götzenbilder gewesen sein, die Mohammed später zerstören sollte, da er bei keinem ein Überdauern zugelassen hätte. Er selbst verbannte alles, was einen Beigeschmack von Götzenanbetung hatte, und seine Zeitgenossen aus den frühen Tagen des Islam hätten zur Zeit der Götzenabschaffung erwiesenermaßen verbissen gegen jede Abschwächung einer unerbittlichen Bilderstürmerei angekämpft.

Die Pilgerfahrt nach Mekka bildete lange vor Mohammed einen Teil der religiösen Pflichten der Araber. Etymologisch kann der Name der Stadt auf ein altes Wort für »heilig« zurückverfolgt werden, und es scheint möglich, daß der Ort in der Tat eng mit Ereignissen innerhalb der semitischen Religion verbunden war, die noch nicht als Geschichte im modernen Sinne festgehalten worden ist.

Mohammed behauptete nicht, Gründer einer neuen Religion zu sein. Nach islamischem Glauben hat er bloß den strengen Monotheismus wiederhergestellt, wie er der Menschheit von einer Reihe Propheten – unter denen Jesus einer der bedeutendsten war – offenbart worden ist. Dies erklärt den Moslems, warum gewisse vor-islamische Regeln beibehalten worden sind: dieselbe Erklärung gilt für den Koran. Innerlich teilnahmslose oder feindlich gesinnte Menschen, die sich mit dieser Religion befassen, behaupten andererseits, daß sich der Islam aus dem Judentum und dem christlichen Glauben entwickelt hätte, wobei eine gewisse Summe rein arabischer Religion beibehalten worden sei. Die Feststellung, daß ein Streitgespräch keine Beweise erbringen kann, erübrigt sich – obwohl man nach der Lektüre der meisten von Außenstehenden verfaßten Darstellungen des Islam anderer Ansicht sein könnte.

Die eigentlichen Riten der Pilgerfahrt sind die folgenden: zunächst der Besuch der Kaaba und deren Umschreitung, danach folgt das siebenmalige mit bloßen Füßen ausgeführte Hin- und Herlaufen zwischen den beiden als Safa und Marwa bekannten Punkten, die als die Gräber von Hagar und Ismael gelten. An einem bestimmten Tag begibt sich die gesamte Pilgerschar nach einem Ort namens Mina, einige Kilometer außerhalb Mekkas, um dort jene drei Säulen zu steinigen, die teuflische Mächte repräsentieren. Auf dem Berge Arafat werden Gebete gesprochen, und zur Erinnerung an die Opferungen Abrahams wird ein Tier dargebracht. Das Haupt des Pilgers ist kahlgeschoren, und es findet ein dreitägiges Fest der Hinwendung zu einem neuen und reineren Leben statt. Jedermann, der diese Vorschriften erfüllt, ist zu den äußeren Zeichen des *Hadj* berechtigt und wird im allgemeinen innerhalb seines Heimatortes verehrt. In gewissen Ländern tragen jene, welche die Pilgerfahrt ausgeführt haben, einen grünen Turban oder andere Kennzeichen.

Ich ging durch die überfüllten Straßen in mein Hotel zurück, wo für die offiziellen Gäste Apartments bereitgestellt worden sind. So weit als überhaupt möglich in echt maurischem Stil erbaut, waren Ausstattung und Atmosphäre gleichermaßen köstlich. Diener und Arbeitgeber aßen an demselben Tisch enorme Mengen von Reis und Fleisch – im Speisesaal schien sich während der gesamten Zeit meines Aufenthaltes ein ununterbrochener und absolut demokratischer Festschmaus abzuspielen.

Von meinem Zimmer aus überblickte man einen üppigen Palmengarten, hinter dem sich in imposanter Größe die Residenz des Wirtschaftsministers erhob.

Am Morgen traf der *Mutawwif* der Afghanen früh ein. Er hatte den Auftrag, mich und verschiedene andere Pilger durch die Kaaba- und Safa-Marwa-Zeremonien zu geleiten. Groß, graubärtig, weiß gewandet und mit einem im Afghanistil geknüpften Turban auf dem Haupte, war er vom Manager und von anderen Hotelangestellten – bis herunter zum jungen Kaffeekellner – mit großem Respekt empfangen worden.

Ein ungenähtes Stück Baumwollstoff um die Hüften geschlungen, die Schulter mit einem gleichen Stück Stoff (etwa von der Größe eines Badetuches) bedeckt, schritten wir erneut zum Allerheiligsten, indem wir auf Geheiß des *Mutawwif* das Gelübde, die Pilgerfahrt zu vollenden, und die verschiedenen anderen Gebete wiederholten. Ich trug – wie die anderen – offene Sandalen. Die Bekleidung ist dazu bestimmt, Anstand und Bescheidenheit zu veranschaulichen; andere Kleidungsstücke oder Schmuck dürfen nicht getragen werden. In vorislamischen Zeiten umwandelten die arabischen Pilger die Kaaba vollkommen nackt.

Wir betraten das Allerheiligste durch das Tor des Ali (Schwiegersohn und Nachfolger Mohammeds) und schritten unter glühender Sonne zur Ecke des Schwarzen Steins an der Kaaba, wo die Umschreitung ihren Anfang nimmt.

Einer nach dem andern blieb stehen, um den Schwarzen Stein zu küssen. Danach folgten wir dem Führer und begannen mit der im Uhrzeigersinn entgegengesetzten Umkreisung des Kubus. Die ersten vier Umkreisungen der Kaaba werden im Laufschritt zurückgelegt, danach folgen vier Umschreitungen im normalen Tempo. Dies wird damit erklärt, daß Mohammed und seine kleine Gruppe von Getreuen – obwohl sie bereits erschöpft waren – um die Kaaba herumrannten, ehe sie schließlich von den feindlichen Koraisch die Erlaubnis zur Verrichtung ihrer Andachtsübungen erhielten.

Jedesmal, wenn wir beim Schwarzen Stein vorbeikamen, küßten wir ihn. Wenn ein allzu großes Gedränge das Küssen oder Berühren des Steins verunmöglichte, erhoben die Pilger ihre Arme und drehten die Handfläche gegen den Stein – ähnlich, wie wenn man die Hände an einem Feuer wärmt. Es mag eine subjektive Empfindung sein – oder einen anderen Grund haben –, man spürt dabei ein gewisses Prickeln in den Händen.

Obwohl sich eine recht große Anzahl Frauen unter den Pilgern befand, waren die Männer in der Mehrzahl. Die Kleidung der weiblichen Pilger unterscheidet sich von jener der Männer: Sie besteht aus einem langen weißen Gewand, das Körper und

Arme bedeckt, jedoch das Gesicht freiläßt. Die Frauen dürfen innerhalb des Allerheiligsten keine Schleier tragen. Die Verschleierung der Frauen, wie sie in den meisten islamischen Ländern Sitte geworden ist, war in der Tat eine Nachahmung eines Brauchtums, das zur Zeit der Eroberung durch die Moslems bei christlichen Gemeinden in Syrien geherrscht hatte. Wie dem auch sei – diese Sitte ist in Arabien insbesondere von einigen Frauen der höchsten Stände gepflegt worden, so daß ihr eine gewisse Arroganz anhaftet. Aus diesem Grunde ist die Verschleierung während der Pilgerfahrt verboten. Frauen können heute in den Städten verschleiert sein – die Bewohnerinnen der Wüste sind es nicht. Weiße Strümpfe und Handschuhe vervollständigen die Kleidung der weiblichen Pilger. Das Haar muß bedeckt sein. Es ist in diesem Zusammenhang übrigens interessant – insbesondere im heutigen Osten, wo das Ablegen des Schleiers als Resultat der Frauenbewegung gilt –, daß sich im Koran oder in den Überlieferungen Mohammeds kein ausdrücklicher Befehl bezüglich der Verschleierung findet. Der Abschnitt des Korans, der zur Verteidigung dieser Isolation der Frau zitiert wird, befiehlt in Wirklichkeit, daß die gläubigen Frauen Anstand und Bescheidenheit pflegen müßten.

Nachdem wir zum Abschluß den Stein geküßt hatten, begaben wir uns zum »Gebetsplatz Abrahams«, um ein weiteres Dankgebet zu verrichten. An diesem Ort bringt jeder Gläubige seine persönliche demütige Bitte vor, indem er Allah um Erfüllung dessen ersucht, was ihm am meisten am Herzen liegt.

Hier soll Abraham gestanden haben, als er die Kaaba wiederaufrichtete (die der Legende nach von Adam selbst nach dem im Paradies vorhandenen Vorbild erbaut worden war).

Danach brachten kleine Jungen, die für dieses ehrenvolle Amt unter den vornehmsten Familien ausgesucht werden, Wasser aus dem geheiligten Semsem-Brunnen herbei. Als ich die Flüssigkeit aus der ziselierten Metallschale trank, bemerkte ich, daß das Wasser einen leicht herben Geschmack hatte – gewiß war es aber weder brackig noch bitter, wie es verschiedentlich beschrieben worden ist.

Nach diesem Teil der Zeremonien müssen die Pilger den achten Tag des Heiligen Monats abwarten, ehe sie zur Wanderung nach Mina und Arafat aufbrechen können.

Die Rituale in der Heiligen Stadt selbst werden durch das Rennen zwischen den zwei kleinen Hügeln von Safa und Marwa abgeschlossen, dessen Strecke einer Außenmauer des Haram entlangführt.

Zu diesem Zweck verließen wird das Allerheiligste und begaben uns zum Ausgangspunkt des Rennens. Nachdem wir das von unserem *Mutawwif* angestimmte Zeugnis der Einheit Gottes wiederholt hatten, schlossen wir uns der Menschenmenge an, die im Laufschritt von einem Punkt zum andern lief. Auf der einen Seite befindet sich die mächtige Mauer des Haram, und auf der anderen stehen Ladengeschäfte, die hauptsächlich Gegenstände wie die schwarz-weißen Rosenkränze verkaufen, welche als Andenken an die Pilgerfahrt sehr geschätzt werden. Man bezahlt, was man kann. Falls man kein Geld hat, erhält man von den Händlern einen Rosenkranz geschenkt.

Nach Vollendung der *Sayy*-Zeremonie kehren die Pilger in ihre Unterkünfte oder ins Allerheiligste zurück, um den achten Tag und die damit verbundene Reise nach Mina und Arafat abzuwarten.

In der Nacht vor dem Marsch nach Arafat bietet der rechtwinklige Platz des Allerheiligsten den eindruckvollsten Anblick, den man sich denken kann. Hunderttausende von Pilgern versammeln sich hier zu einem Abschlußgebet. Schaut man von einem der zahlreichen hohen Häuser, welche die Arena der Kaaba überragen, auf die unzähligen Reihen von Gläubigen, die – aufrecht stehend oder sich verbeugend – von allen Seiten gegen die Kaaba gerichtet sind, so bietet dies ein Bild konzentrierter Verehrung, das nirgendwo sonst seinesgleichen hat.

Denselben Eindruck vermittelt nochmals der Abschiedsbesuch, der nach der Rückkehr von Arafat und der damit verbundenen Opferung stattfindet. Während dieser Abschiedszeremonie herrscht eine prickelnde, gefühlsgeladene Atmosphäre. Bald – vielleicht in einigen Stunden, gewiß aber nicht später als in ein oder zwei Tagen – wird sich der Pilger auf dem Rückweg zu seinem weltlichen Alltag befinden; zurück in die Wirklichkeit, zurück zu einem Leben, dem von hier aus gesehen wenig Realität anzuhaften scheint. Man ist traurig und man jauchzt zugleich. Beide Gefühle klingen noch lange – möglicherweise für das ganze restliche Leben – im Innersten der Seele nach. Ich verspüre sie jedenfalls noch immer.

Der Marsch nach Arafat ist der umständlichste und ritualbeladenste Teil der Pilgerfahrt. Die Gläubigen verlassen in der Morgendämmerung des achten Tages des Heiligen Monats die Stadt, um sich auf den sieben Kilometer langen Weg nach Mina zu begeben.

Dieser Exodus ist sogar noch eindrücklicher als der Einzug in Mekka, da nunmehr sämtliche Pilger gleichzeitig anwesend sind. Der Menschenschwarm war mit nichts vergleichbar, das ich bis anhin gesehen oder von dem ich gehört hätte. Auch ist beinahe jeder Einwohner Mekkas anwesend – die Ladengeschäfte sind geschlossen, die Straßen verwaist. Es ist, als ob die gesamte menschliche Rasse unterwegs wäre. Die Nacht vom Achten auf den Neunten wird in Zelten verbracht. Man stelle sich eine Million Menschen unter Zelten an demselben Ort in der Wüste vor. Kann man sich davon ein Bild machen? Der Anblick überwältigt die Sinne, so daß sie vor dem Hintergrund dieser Unermeßlichkeit bloß die kleinen, individuellen Ereignisse wahrnehmen können.

Am folgenden Tag zieht die ganze Versammlung weitere fünfzehn Kilometer der Straße entlang zum Berg Arafat und schlägt ihre Zelte auf der Ebene unterhalb des Berges auf. Irgendwo befindet sich in dieser Menge, unbewacht in sein weißes Pilgergewand gehüllt und zumeist unerkannt, der König von Saudi-Arabien, der Beschützer dieser heiligen Stätten.

Dem Beispiel des Propheten folgend, der in einer Vorahnung seines nahen Todes eine letzte Pilgerfahrt unternommen hatte, sprechen die Pilger auf dem Gipfel des Berges Gebete.

Danach werden die drei Steinsäulen (die »Teufel«) gesteinigt – in Anlehnung an jenes Ereignis, als Abraham den Teufel in die Flucht schlug, nachdem ihn letzterer der Überlieferung gemäß an dieser Stelle in Versuchung hatte führen wollen.

Der Zehnte des Monats ist der Tag der Opferung, an dem jeder Pilger im Gedenken an Abraham, der seinen Sohn Gott dargebracht hatte, ein Tier opfern muß. Dies bildet den Auftakt des *Id El Adha*, des Opferfestes, das in allen islamischen Ländern gleichzeitig gefeiert wird. Die »Teufel« werden zweimal gesteinigt, und vor dem Opferzeremoniell kehren die Pilger nach Mekka zurück, um nochmals bei der Kaaba ein Gebet zu verrichten und erneut die Strecke zwischen Safa und Marwa abzulaufen. Schließlich wird auf der rechten Seite des Kopfes ein Haarbüschel abgeschnitten oder abrasiert, danach wird der ganze Schädel kahlgeschoren.

Als ich im schattigen Innenhof saß und über all diese Ereignisse nachdachte, waren nur die Minarette der Moschee zu sehen, die sich über der hochaufgerichteten, in ihren goldbestickten schwarzen Umhang gehüllten Kaaba erhoben. Der Umhang besteht aus schwerem, mit Koran-Zitaten besticktem Damast – ein jährlich von Ägypten dargebrachtes Geschenk. Jedes Jahr wird der alte Umhang zerschnitten und werden die Stücke unter die glücklicheren Pilger als hochgepriesene Reliquien verteilt. Auch Wasser aus dem Heiligen Brunnen wird, in runde Blechdosen abgefüllt, bis ans andere Ende der Welt mitgenommen, um damit beispielsweise das Grab des Pilgers zu besprengen.

Durch die vor Hitze flimmernde Luft waren die im Dunst liegenden Hügel der Umgebung nur flüchtig wahrnehmbar. Rund um mich herum lagerten Pilger aus hunderterlei Ländern, einige ließen die Kugeln ihres Rosenkranzes durch die Finger gleiten, andere sprachen Gebete. Die streng aussehenden Wahhabiten-Wächter schritten aufmerksam auf und ab, um gegen alles Unschickliche anzugehen.

Vom Verwaltungsgebäude des Allerheiligsten aus, das mit seinen riesigen Glasfenstern das Überblicken des gesamten

Rechtecks erlaubt, wachten Tag und Nacht Beamte. Ich beobachtete, daß sie das gesamte Gebäude regelmäßig mit Ferngläsern absuchten.

Tausende von Tauben flogen über unseren Köpfen. Der Überlieferung nach soll der Engel Gabriel zuweilen als Taube hierhergekommen sein, um den Koran zu flüstern, wie er den Ohren Mohammeds offenbart worden war.

Früher sind Pilger oft von der fürchterlichen Hitze in diesem geschlossenen Innenhof überwältigt worden – gelegentlich erreicht die Temperatur 56 Grad Celsius im Schatten! Heutzutage sind die Bedingungen dank modernster Hilfsmittel wesentlich verbessert. In den Säulengängen sind elektrische Ventilatoren angebracht worden, und mächtige, zurückziehbare Blenden schützen einen Teil der Peripherie vor der stechenden Sonne. Das Allerheiligste wird von elektrischem Licht beleuchtet, und Elektrizität liefert Kraft für die Pumpen des Semsem. Auf dem gesamten riesigen Gelände werden überall pausenlos Unterhaltsarbeiten vorgenommen.

Als ich mit Einwohnern Mekkas über die zahlreichen Verbesserungen sprach, die der König zugunsten des Komforts hatte ausführen lassen, antworteten sie oft: »Allah hat ihn dafür belohnt – hat er ihm nicht unerschöpfliche Ölquellen gegeben?«

Gedanken Omar Khayyams

Gedanken Omar Khayyams

Zu Gott

Eiferer kennen deine Gnade nicht, wie wir sie kennen.
Ein Fremder kann nicht mit dir vertraut sein wie ein Freund.
Du sprachst: »Sündige, und ich werde dich
in die Hölle werfen!«
Sag dies zu jenem Menschen, der dich nicht kennt!

Ich flog

Ich war ein Falke, der geheimer Welt entflog,
Vom Wunsch beseelt, mit einem Flügelschlag zur Höhe mich
zu schwingen.
Nichts findend des Geheimnis' würdig,
Kehrt' ich zurück durch jene Tür, durch die ich eingetreten.

Geschlossene Augen

Des Menschen Augen sind geschlossen
Wie das verbundene Aug' des Mühlochsen.
Suchend eilt er wie die Ameise unter umgestülpter Schale …
Du hast nicht das getan, was deine Ahnen taten –
Und dennoch willst du sein wie sie.
Klopf an die Tür …

Spiegel

Ich bin ein Spiegel, und wer in mich schaut –
Was immer Gutes oder Schlechtes er auch spricht,
Er redet von sich selbst.

Ich bin

Man sagt, ich sei dem Wein zugetan – ich bin es.
Man sagt, ich sei ein Eingeweihter – ich bin es.
Schaut nicht so sehr auf mein Äußeres,
Denn in meinem Innern bin ich, was ich bin.

Folge dem Führer

Lies, was du lesen solltest. Schaue, was du schauen solltest.
Handle, wie du handeln solltest.
Fühle, was du fühlen solltest.
Bis du zu all dem fähig bist, folge dem Führer.
Wenn du diese Dinge zu tun vermagst, wird man dir nicht mehr sagen müssen:
Folge dem Führer.

Einer Schlange Kind ist der Schlange kostbar.

Sprichwort

Andere säten für mich: Ich säe für Kommende.

Sprichwort

Meditationen Rumis

Meditationen Rumis

Es besteht keinerlei Grund zur Angst. Es sind Vorstellungen, die dich blockieren – so wie ein hölzerner Riegel die Tür versperrt. Brenne diese Schranke nieder ...

Jedem Gedanken wohnt eine entsprechende Wirkung inne.

Jedes Gebet hat einen Klang und eine körperliche Gestalt.

Der Mann Gottes ist nicht ein von Büchern geformter Fachmann.

Zuerst warst du Mineral, dann Pflanze, dann Mensch. Du wirst ein Engel sein, und auch über diese Daseinsform wirst du hinausgelangen.

Es gibt tausend Formen des Geistes.

Wenn das Wasser des Meeres nicht zum Himmel emporsteigen würde, woher bekäme der Garten sein Leben?

Ein vollkommen weiser Mann würde aufhören, im üblichen Sinne zu existieren.

Du bewirkst keinen Funken, indem du mit Erde auf den Feuerstein schlägst.

Der Arbeiter ist in der Werkstatt verborgen.

Dem Nichtwissenden scheint die Perle nichts als ein Stein.

Wenn sich ein Baum zu Fuß oder mit Flügeln fortbewegen könnte, würde er weder den Todeskampf unter der Säge noch die von der Klinge verursachten Wunden erdulden.

Die Art und Weise, wie Brot aussieht, hängt davon ab, ob du hungrig bist oder nicht.

Du magst einen Ofen suchen – aber er würde dich in Brand stecken. Vielleicht benötigst du bloß die sanftere Flamme einer Lampe.

Es finden sich Falschmünzer, weil es so etwas wie echtes Gold gibt.

Wer sagt, daß alles wahr sei, ist ein Narr – wer sagt, daß alles unwahr sei, ist ein Lügner.

Ein großes Hindernis auf dem Pfad ist der Ruhm.

Gottes Spiegel: Seine Vorderseite ist das Herz, seine Rückseite die Welt.

Das unendliche Universum liegt außerhalb dieser Welt.

Man sagt: »Er kann nicht gefunden werden ...« Etwas, das man nicht »finden« kann, ist das, wonach mich verlangt.

Um Wein herzustellen, mußt du den Traubensaft gären.

Wasser fließt nicht bergwärts.

Du hast zwei Köpfe: Den ursprünglichen, unsichtbaren, und den davon abgeleiteten, sichtbaren.

In dem Moment, wo du in diese physische Welt eingetreten bist, hat man dir eine Leiter zur Flucht bereitgestellt.

Wolle wird nur deshalb zu einem Teppich, weil Wissen vorhanden ist.

Um Wasser zu kochen, benötigst du einen Vermittler – das Gefäß.

Die Antwort einem Narren gegenüber ist das Schweigen.
Sprichwort

Kurzgeschichten

Die Geschichte von der Melonenstadt

Der Regent einer gewissen Stadt beschloß eines Tages, einen Triumphbogen errichten zu lassen, auf daß er unter diesem zur Erbauung der Massen in vollem Prunk durchreiten könne. Als jedoch der große Moment gekommen war, schlug es ihm die Krone vom Haupt: der Bogen war zu wenig hoch gebaut worden.

In seinem gerechten Zorn verfügte der Regent, daß der Oberbaumeister erhängt werden sollte. Der Galgen wurde errichtet – aber als man den Oberbaumeister auf den Richtplatz führte, rief dieser, daß der Fehler allein bei den Arbeitern zu suchen sei, welche die eigentlichen Bauarbeiten ausgeführt hatten.

Der König, mit seinem gewohnten Sinn für Gerechtigkeit, zog die Arbeiter zur Rechenschaft, aber diese entledigten sich der Verantwortung, indem sie erklärten, daß die Steinhauer die Bausteine in einer falschen Größe ausgeführt hätten. Diese wiederum betonten, daß sie lediglich den Befehlen des Architekten nachgekommen seien. Letzterer wiederum erinnerte den König daran, daß Ihre Majestät in letzter Minute einige Berichtigungen an seinen Plänen angeordnet hatte, die eine Veränderung des Konzepts bewirkten.

»Man rufe den weisesten Mann des Landes«, befahl der Regent, »denn dies ist zweifellos ein schwieriges Problem, und wir benötigen dessen Ratschlag.«

Dieser weiseste Mann war hergebracht worden – unfähig, auf den eigenen Füßen zu stehen, so alt (und damit so weise) war er. »Es ist offensichtlich«, stammelte er, »daß im Rahmen des Gesetzes der tatsächlich Schuldige bestraft werden muß, und das ist in diesem Falle offenbar niemand anders als der Triumphbogen selbst.«

Seinen Entscheid billigend, befahl der König, daß der beleidigende Triumphbogen zum Richtplatz gebracht würde. Aber als man ihn dorthin überführen wollte, wies einer der königlichen Ratsherren darauf hin, daß der Bogen ein Gegenstand sei, der mit dem erlauchten Haupt des Monarchen in Berührung gekommen war, und somit niemals durch den Strick des Henkers entehrt werden dürfe.

Da der ehrwürdige Weise, vor Anstrengung erschöpft, inzwischen sein Leben ausgehaucht hatte, konnten ihn die Leute nicht mehr um seine Meinung zu dieser neuen Feststellung fragen. Die Juristen verfügten jedoch, daß der *untere* Teil des Triumphbogens, mit dem nichts in Berührung gekommen war, für das Verbrechen, das der gesamte Bogen begangen hatte, gehängt werden könnte.

Aber als der Henker den Bogen in die Schlinge zu bringen suchte, mußte er feststellen, daß der Strick zu kurz war. Der Hersteller des Stricks ist herbeigerufen worden, aber dieser erklärte alsbald, daß seiner Meinung nach das Gerüst des Galgens zu hoch sei – er wies darauf hin, daß der Fehler bei den Zimmerleuten liege.

»Die Menge wird ungeduldig«, sprach der König, »wir müssen somit rasch jemanden finden, der gehängt werden soll. Wir können Diskussionen über Feinheiten wie Schuld auf einen späteren, geeigneteren Zeitpunkt verschieben.«

In erstaunlich kurzer Zeit wurde die Körpergröße aller Einwohner der Stadt sorgfältig gemessen, aber man fand nur einen einzigen Menschen, der so groß war, daß er an den Galgen paßte: den König selbst. Die allgemeine Begeisterung darüber, einen passenden Mann gefunden zu haben, war so groß, daß sich der König fügen mußte. Er wurde gehängt.

»Gott sei Dank, daß wir jemanden gefunden haben«, meinte der Premierminister, »denn falls der Appetit der Menge nicht befriedigt worden wäre, hätte sich deren Zorn fraglos gegen die Krone gewandt.«

Aber es gab Wichtiges zu bedenken – denn plötzlich erkannte man, daß der König tot war. »Gemäß dem Brauchtum«, so verkündeten die Herolde in den Straßen, »soll der erste Mensch, der durch das Stadttor tritt, entscheiden, wer unser nächster großer Herrscher sein wird.«

Der erste Mensch, der nach dieser Meldung das Tor durchschritt, war ein Schwachsinniger. Er war ziemlich anders als die vernünftigen Bürger, die wir recht gut kennengelernt haben – und als man ihn fragte, wer König werden sollte, antwortete er sogleich: »Eine Melone«. Er sagte dies, weil er jede Frage mit »eine Melone« beantwortet. In der Tat dachte er an nichts anderes, da er Melonen sehr gern hatte.

Und so kam es, daß eine Melone mit der vorschriftsmäßigen Zeremonie gekrönt worden ist.

Nun, dies geschah vor vielen, vielen Jahren. Wenn heute die Bewohner des Landes gefragt werden, warum ihr König eine Melone zu sein scheint, wird ihnen gesagt: »Aufgrund des Gewohnheitsrechtes. Ihre Majestät wünscht offensichtlich eine Melone zu sein. Gewiß erlauben wir ihm, eine Melone zu bleiben, bis ihn nach etwas anderem verlangt. Er hat in unserem Land das Recht, alles zu sein, was er zu sein wünscht – wir sind damit zufrieden, solange er sich nicht in unser Leben einmischt.«

Hochmütig und freigebig

Ein reicher Mann namens Khalil war weit und breit dafür bekannt, gleichzeitig hochmütig und freigebig zu sein – zwei Eigenschaften, die von vielen Leuten für die Grundzüge eines »idealen Charakters« gehalten werden.

Er hatte einen Freund, der Aziz hieß, ein reicher Kaufmann, dessen Geschäfte durch unglückliche Handelstransaktionen fehlschlugen.

Aziz rief seinen Sohn Ali herbei und sagte ihm: »Mein Sohn, gehe zum hochmütigen und freigebigen Khalil; sage ihm, daß dich dein Vater gesandt hat, und bitte ihn, so großzügig zu sein und mir eine Kamelladung Silber zu leihen, die ich ihm mit Gewinn zurückbezahlen werde, sobald meine Geschäfte dereinst wieder in Ordnung sind.«

Ali machte sich auf den Weg zu dem Hause Khalils. Als er dort ankam, wies man ihn in die Empfangshalle, wo Khalil saß. Dieser war so hochmütig, daß er den Jungen kaum anblickte und sein Gesicht von dem Gast abgewandt hielt.

Ali konnte sein Anliegen erst nach mehreren Stunden anbringen.

Khalil schaute ihn mit größter Hochmut an und sprach: »Geh mir sofort aus den Augen!«

Als der unglückselige Ali in den Innenhof des Hauses trat, händigte man ihm den Zaum einer langen Reihe von Kamelen aus, von denen jedes einzelne mit so viel Säcken Gold, Schmuckstücken und kostbaren Gewändern beladen war, wie es zu tragen vermochte.

Aziz war überglücklich, als Ali mit diesen Kostbarkeiten zurückkehrte – und nach vielen Monaten eifrigen Handelns hatte sich ein großer Gewinn angesammelt. Aziz sprach zu Ali: »Mein Sohn, hier ist eine Karawane mit der doppelten Menge jener Reichtümer beladen, die uns Khalil ungeachtet seines Hochmuts so großzügig geliehen hatte. Beeile dich und überbringe ihm dies unter Bezeugung meiner Dankbarkeit.«

Ali begab sich erneut auf den Weg zu Khalils Haus, wobei er dieses Mal erst nach einigen Tagen des Wartens eingelassen wurde.

Als man ihm schlußendlich erlaubte, das Wort an Khalil zu richten, der noch auf dieselbe Weise dasaß, als ob er sich nie von der Stelle bewegt hätte, sagte er: »Großmütiger Herr, ich bin Ali, der Sohn des Aziz, und überbringe dir meines Vaters Dank und Gruß, um hiermit das Geld, das du in deiner Großmütigkeit einem Bettler ohne Sicherheit geliehen hast, mit einem berechtigten Gewinn zurückzuerstatten.«

Khalil schaute ihn lange an. Dann sprach er: »Ali, Sohn des Aziz, obwohl du und dein Vater beeindruckt seid, könnt ihr die wahre Natur und das Ausmaß meines Charakters nicht begreifen! Entferne dich mit deinem Geld, deinen Kamelen und deinen Waren! – Freigebigkeit ist nicht Ausleihen. Ich bin nicht der Bankier deines Vaters ...«

Wenn du es bedauerst, mich geküßt zu haben – nimm deinen Kuß zurück.

Sprichwort

Möge dein Schatten nie abnehmen!

Sprichwort

Die Goldkassetten

Es war einmal ein reicher Kaufmann, der sich auf eine lange Reise begab. Aus diesem Grunde überließ er die Verwaltung seines Geldes dem Haushofmeister.

Ein durchtriebener und unehrlicher Mann belauschte ihn, als er zu seinem Haushofmeister sprach: »Du bist allein verantwortlich. In meiner Schatzkammer befinden sich hundert Goldkassetten. In jeder Kassette liegen hundert Goldstücke. Bewache sie gut, bis ich zurückkehre.«

Der Listige sorgte dafür, daß er mit dem Haushofmeister Bekanntschaft schließen konnte – und sie pflegten oft miteinander Kaffee zu trinken.

Eines Tages sprach der Listige: »Ich bin eine Art Alchimist. Wenn ich ein Goldstück in die Finger bekomme, verdopple ich es, so daß zwei daraus werden.«

Zuerst glaubte ihm der Haushofmeister nicht, aber nach einer gewissen Zeit war er geneigt, unter Verwendung einer Summe Geldes seines Arbeitgebers einen Versuch zu machen.

»Du borgst es dir nur aus«, lockte der Listige, »und behältst es in deinen eigenen Händen, hier im Kaffeehaus. Falls es sich nicht verdoppelt – was kannst du dabei verlieren?«

Schließlich erklärte sich der Haushofmeister einverstanden.

Er nahm ein Goldstück aus dem Vorrat seines Herrn und legte es in eine schlau präparierte Schachtel, die der »Alchimist« mitgebracht hatte. Als sie deren Deckel öffneten, befanden sich zwei Goldstücke darin.

Ermutigt – und mit dem zweiten Goldstück beschenkt – fragte der Haushofmeister den Alchimisten, ob er den Vorgang wiederholen könne.

»Sicherlich«, antwortete der Listige, »aber es gilt gewisse Regeln zu beachten. Erstens darfst du aus jeder Goldkassette jeweils nur ein einziges Goldstück nehmen – wie viele es auch sein mögen. Bringe sie hierher.«

Der Haushofmeister tat, wie man ihn geheißen, und die hundert Münzen wandelten sich – eine nach der anderen – in zweihundert.

»Nun, zur nächsten Regel«, sagte der Listige, »und die lautet wie folgt: du darfst die ›verdoppelten‹ Münzen nicht in dieselbe Kassette zurücklegen. Nimm eine andere und lege die zweihundert Münzen dort hinein. Gib nur Geld aus der neuen, zweiten Kassette aus, bis du deine eigenen hundert Goldstücke aufgebraucht hast. Auf diese Weise bleibt das Kapital deines Herrn unangetastet, und du hast hundert Goldmünzen gewonnen.«

Der Haushofmeister tat, was man ihm gesagt hatte. Er begann seinen eigenen Anteil auszugeben und stellte alsbald fest, daß die ›verdoppelten‹ Münzen aus echtem Gold waren und in den Läden fraglos akzeptiert wurden. Er hatte in seinem Leben nie so viel Geld besessen, und er gab eine Menge davon für Trinken und sein persönliches Wohlleben aus. Der Alchimist, der ihn dazu ermutigte, sprach zu ihm: »Sobald du diese hundert Goldstücke ausgegeben hast, sag es mir, und wir werden den Vorgang zu wiederholen wissen – aber nicht früher.«

Als der Zeitpunkt kam, wo der Kaufmann nach Hause zurückkehrte, war der Haushofmeister dem Alkohol verfallen. Als der Kaufmann ihn sah, argwöhnte er: »Was bist du für ein Haushofmeister? Ich vermute, daß du von meinem Geld ausgegeben hast!«

»Im Gegenteil«, murmelte der Haushofmeister. »Ich habe es verdoppelt.« Der Kaufmann eilte in seine Schatzkammer, aber soviel er sehen konnte, schien dort nichts zu fehlen.

In diesem Augenblick erschien der Listige auf der Szene und sagte zu dem Kaufmann: »Gib mir das Geld zurück, das du für mich aufbewahrt hast!«

»Was für Geld?« erkundigte sich der Kaufmann, »ich habe dich noch nie in meinem Leben gesehen.«

Da erhob sich ein derartiger Streit, daß die Polizei herbeigerufen wurde, welche die beiden vor Gericht führte.

»Dieser Mann hat mein Geld, das er für mich aufbewahrt hat«, behauptete der Schelm vor dem Richter.

»Wieviel ist es?« fragte dieser.

»Neuntausendneunhundertfünfzig Goldstücke – in jeder Kassette rund neunundneunzig Stück, dazu eine Kassette, die nur fünfzig Goldstücke enthält«, erwiderte der Listige, der über die Ausgaben des Haushofmeisters Buch geführt hatte.

»Das ist eine Lüge, ich kann es beweisen!« entrüstete sich der Kaufmann. »Ich hatte hundert Kassetten, von denen jede hundert Goldstücke enthielt, in der Obhut meines Haushofmeisters gelassen. Somit sind es insgesamt zehntausend Goldstücke – oder etwas weniger, falls der Haushofmeister mich betrogen haben sollte. Es kann nicht die Anzahl Goldstücke sein, die dieser Mann hier nennt.«

Das Gericht erließ den Befehl, daß das Gold nachgezählt werden müsse. Es stellte sich heraus, daß die vorhandene Geldmenge mit der von dem Schelm genannten genau übereinstimmte. Vom Haushofmeister glaubte man, daß ihn der Alkohol des Verstandes beraubt habe, so daß man ihn nicht als Zeugen zulassen konnte. Das Gericht sprach das gesamte Geld dem Listigen zu, der ein beliebter und geachteter Bürger wurde.

Der Niedrigste aller Araber

Der Kalif Harun al-Raschid gehörte zum Stamm des Propheten, aber da er nicht direkt von ihm abstammte, war er rangmäßig tiefer eingestuft worden als die Sayids der Haschemiten-Sippe.

Aber er war – trotz allem – ein Kaiser, und als er vernahm, daß ein gewisser Sayid von seinen Anhängern »Nobelster aller Araber« genannt wurde, ließ er diesen Mann herbeirufen.

»O Sayid«, sprach der Kalif, »der Abstammung nach bin ich dir untergeordnet, fließt doch das Blut des heiligen Propheten in deinen Adern. Aber hast du nicht davon gehört, daß der Bote Gottes alle auf Blutsverwandschaft beruhenden Ehrentitel formal abgeschafft hat?«

»In diesem Fall«, antwortete der Sayid, »gehöre ich dennoch zu den vornehmsten aller Araber.«

»Wie ist dies möglich?« fragte der Kalif.

»Selbst der Niedrigste aller Araber muß das Zusammentreffen mit einem solchen Herrscher als eine Ehre betrachten, die ihn in den Rang der Vornehmsten erhebt«, erwiderte der Sayid.

Nun, wo es verschwunden ist, was liegt daran, ob es eine Kuh gefressen hat oder nicht?

Sprichwort

Der Mann, die Schlange und der Stein

Ein Mann, der keine Sorgen in der Welt hatte, marschierte eines Tages eine Straße entlang. Ein ungewöhnlicher Gegenstand erregte seine Aufmerksamkeit. »Ich muß herausfinden, was das ist«, meinte er zu sich selbst.

Als er den Gegenstand erreichte, stellte er fest, daß es sich um einen sehr flachen Stein handelte.

»Ich muß ergründen, was sich darunter befindet«, sprach er und hob den Stein hoch.

Kaum hatte er dies getan, vernahm er ein lautes, zischendes Geräusch, und eine große Schlange glitt aus einem Loch, das sich unter dem Stein befand. Erschrocken ließ der Mann den Stein fallen. Die Schlange wand sich zu einer Spirale und sagte: »Nun werde ich dich töten, denn ich bin eine Giftschlange.«

»Aber ich habe dich befreit«, erwiderte der Mann, »wie kannst du Gutes mit Schlechtem vergelten? Ein solches Verhalten ließe sich nicht mit einem vernünftigen Benehmen vereinbaren.«

»Erstens«, antwortete die Schlange, »hast du den Stein aus Neugierde hochgehoben, ohne dir über die möglichen Konsequenzen im klaren zu sein. Wie kannst du nun plötzlich von ›befreit haben‹ sprechen?«

»Wir müssen stets danach trachten, zur Vernunft zurückzukehren, wenn wir zu denken aufhören«, murmelte der Mann.

»Kehre zur Vernunft zurück, falls du glaubst, daß dir deren Beschwörung dienlich sei«, meinte die Schlange.

»Ja«, erwiderte der Mann, »ich war ein Narr, als ich von einer Schlange Vernunft erwartete.«

»Erwarte von einer Schlange das Benehmen einer Schlange«, antwortete das Tier. »Für eine Schlange ist schlangenhaftes Benehmen das, was man als vernünftig bezeichnen kann.«

»Nun werde ich dich töten«, fuhr sie fort.

»Bitte bring mich nicht um«, bat der Mann, »gib mir eine Chance. Du hast mir einiges über Neugierde, vernünftige Verhaltensweise und schlangenhaftes Benehmen beigebracht. Nun würdest du mich töten, ehe ich dieses Wissen in der Tat anwenden kann.«

»Gut«, antwortete die Schlange, »ich werde dir eine Chance geben. Ich werde dich auf deiner Reise begleiten. Das nächste Wesen, das uns begegnet – wobei es sich weder um einen Menschen noch um eine Schlange handeln darf – soll uns als Schiedsrichter dienen.«

Der Mann war einverstanden, und sie machten sich gemeinsam auf den Weg.

Schon bald trafen sie auf einem Felde eine Schafherde an. Die Schlange hielt inne, und der Mann rief den Schafen zu: »Schafe, Schafe, bitte helft mir! Diese Schlange will mich töten. Falls ihr sie auffordert, davon abzusehen, wird sie mich verschonen. Bitte fällt ein Urteil zu meinen Gunsten, denn ich bin ein Mensch, ein Freund der Schafe.«

Eines der Schafe erwiderte: »Man hat uns auf dieses Feld gebracht, nachdem wir viele Jahre einem Menschen gedient hatten. Jahr für Jahr hatten wir ihm Wolle gegeben – und nun, wo wir alt sind, sollen wir morgen geschlachtet werden. So groß ist der Edelmut der Menschen. Schlange, töte diesen Mann!«

Die Schlange bäumte sich auf, und ihre grünen Augen glitzerten, als sie zu dem Manne sprach: »So sehen dich deine Freunde. Mir schaudert, wenn ich mir gar deine Feinde vorstelle!«

»Gib mir eine weitere Chance«, weinte der Mann voller Verzweiflung. »Bitte laß uns noch die Meinung von jemand anderem anhören, auf daß mein Leben vielleicht verschont werden könne.«

»Ich möchte nicht so unvernünftig sein, wie du glaubst, daß

ich es sei«, antwortete die Schlange, »und ich will deshalb deinem – und nicht meinem – Plan Folge leisten. Laß uns das nächste Wesen, dem wir begegnen, wobei es weder ein Mensch noch eine Schlange sein darf, fragen, was dein Schicksal sein soll.«

Der Mann dankte der Schlange, und sie setzten gemeinsam ihren Weg fort.

Alsbald kamen sie zu einem Pferd, das einsam auf einem Feld angebunden war. Die Schlange wandte sich an das Pferd und sprach: »Pferd, Pferd, warum bist du angebunden?«

Das Pferd erwiderte: »Während vieler Jahre habe ich einem Menschen gedient. Er gab mir Futter, das ich nicht verlangt hatte, und lehrte mich, ihm zu Diensten zu sein. Er sagte, daß dies als Entgelt für die Nahrung und den Stall zu erfolgen habe. Nun, da ich zu schwach für die Arbeit bin, hat er beschlossen, mich alsbald dem Pferdeschlächter zu verkaufen. Ich bin angebunden, weil der Mann glaubt, daß ich zuviel seines Grases fressen würde, falls ich mich frei auf diesem Feld bewegen könnte.«

»Um Himmels Willen«, rief der Mann, »willst du dieses Pferd zu meinem Richter machen?«

»Laut der Übereinkunft zwischen diesem Mann und mir«, sprach die Schlange unerbittlich, »soll unser Fall von dir beurteilt werden.«

Sie legte den Fall kurz dar, und das Pferd antwortete: »Schlange, es liegt außerhalb meiner Fähigkeiten und widerspricht meinem Wesen, einen Menschen zu töten. Aber ich spüre, daß du als Schlange nicht anders handeln kannst, wenn ein Mensch in deiner Gewalt ist.«

»Wenn du mir bloß eine weitere Chance geben wolltest«, bat der Mann, »ich bin sicher, daß etwas zu meiner Hilfe eintreffen wird. Ich habe auf dieser Reise bis anhin kein Glück gehabt und bin nur Lebewesen begegnet, die mir übel wollen. Laß uns deshalb ein Tier aussuchen, das um Dinge dieser Art nicht weiß und somit gegen den Menschen keine allgemeine Feindseligkeit verspürt.«

»Die Menschen kennen die Schlangen nicht«, entgegnete die Schlange, »und dennoch scheinen sie ihnen allgemein feindlich gesinnt zu sein. Aber ich bin bereit, dir eine weitere – letzte – Chance einzuräumen«.

Sie setzten ihre gemeinsame Reise fort.

Bald sahen sie einen Fuchs, der unter einem Busch am Wegrand schlief. Der Mann weckte den Fuchs sachte auf und sprach: »Fürchte nichts, Bruder Fuchs. Mein Fall lautet wie folgt, und meine Zukunft hängt von deiner Entscheidung ab. Die Schlange wird mir keine weitere Chance zugestehen, so daß mich nur deine Großzügigkeit und deine Nächstenliebe retten können.«

Der Fuchs dachte einen Augenblick nach und antwortete dann: »Ich bin nicht überzeugt, daß hier nur Großzügigkeit oder Nächstenliebe von Wirkung sein können. Aber ich will mich dieser Sache annehmen. Um einen Entscheid treffen zu können, muß ich mich auf etwas anderes als auf bloßes Hörensagen stützen. Wir müssen das Ganze anschaulich machen. Kommt, laßt uns an den Ausgangspunkt eurer Reise zurückkehren und die Gegebenheiten an Ort und Stelle untersuchen.«

Sie kehrten an jenen Ort zurück, wo die erste Begegnung stattgefunden hatte.

»Nun wollen wir die Situation rekonstruieren«, meinte der Fuchs. »Schlange, sei so gut und nimm nochmals deinen Platz in jenem Loch unter dem flachen Stein ein.«

Der Mann hob den Stein hoch, und die Schlange rollte sich in der darunterliegenden Grube auf. Der Mann ließ den Stein fallen.

Die Schlange war somit erneut gefangen, und der Fuchs sprach, indem er sich an den Mann wandte: »Wir sind zum Ausgangspunkt zurückgekehrt. Die Schlange kann nicht entweichen, ehe du sie freiläßt. Laß es dabei bewenden.«

»Ich danke dir, ich danke dir«, rief der Mann unter Tränen der Dankbarkeit.

»Dankesworte sind nicht genug, Bruder«, entgegnete der

Fuchs, »nebst Großzügigkeit und Nächstenliebe stellt sich noch die Frage nach meiner Bezahlung.«

»Wie kannst du eine Bezahlung geltend machen?« erkundigte sich der Mann.

»Jedermann, der ein derartiges Problem zu lösen vermag, wie ich es gerade hinter mich gebracht habe«, gab der Fuchs zur Antwort, »weiß gewiß mit einer solchen Nebensache umzugehen. Ich fordere dich nochmals höflich auf, mich zu entschädigen – wenn nicht aus Sinn für Gerechtigkeit, so wenigstens aus Angst. Wollen wir es – mit deinen Worten – als ›Vernünftigsein‹ bezeichnen?«

Der Mann erwiderte: »Gut, komm zu mir nach Hause, ich werde dir ein Huhn geben.«

Sie begaben sich zu dem Hause des Mannes. Letzterer ging in den Hühnerstall und kehrte kurz danach mit einem gefüllten Stoffsack zurück. Der Fuchs riß den Sack an sich und wollte ihn gerade öffnen, als der Mann zu ihm sagte: »Freund Fuchs, öffne den Sack nicht hier. Ich habe Nachbarn, die nicht wissen sollen, daß ich mit einem Fuchs zusammenspanne. Sie könnten dich töten – ebenso, wie sie mein Handeln mißbilligen könnten.«

»Das ist eine vernünftige Überlegung«, erwiderte der Fuchs, »was schlägst du vor, wie ich mich verhalten soll?«

»Siehst du jene Gruppe von Bäumen dort drüben?« fragte der Mann, indem er mit dem Finger auf die besagte Stelle zeigte.

»Ja«, antwortete der Fuchs.

»Renne mit diesem Sack in den Schutz dieser Bäume, und du wirst deine Mahlzeit unbelästigt genießen können.«

Der Fuchs rannte davon.

Kaum war er bei den Bäumen angelangt, fingen ihn Jäger ein, von deren Anwesenheit der Mann gewußt hatte. Hier endet die Geschichte des Fuchses.

Und jene des Mannes? Die Zukunft wird es weisen.

Eine Trommel wird nicht unter einer Decke geschlagen.

Sprichwort

Der Wert von Königreichen

König Bajesid ist vom Schlachtfeld geführt und vor den siegreichen Eroberer Tamerlan – Timur der Lahme – gebracht worden.

Sobald dieser sah, daß Bajesid nur ein Auge hatte, begann er unbändig zu lachen.

Bajesid richtete das Wort an ihn: »Du magst dich über meine Niederlage lustig machen, aber du tätest besser daran, dir zu überlegen, daß du hier an meiner Stelle stehen könntest. Gott entscheidet über das Schicksal der Throne. Der Mensch sollte über die Offenbarung seines Willens nicht lachen.«

Als sich Timur beruhigt hatte, antwortete er: »Genau derselbe Gedanke macht mich lachen. Gott entscheidet wahrlich über die Throne – aber sie sind für ihn anscheinend so unbedeutend, daß er das Königreich eines Einäugigen an einen Einbeinigen weitergibt.«

Karre ist ein Wort für etwas, das sich bewegt.
Sprichwort

Das Zauberpferd

Diese Erzählung ist von großer Bedeutung, gehört sie doch zu den Lehrstücken mystischen Wissensgutes, das – frei von jedem unterhaltenden Aspekt – einen inneren Wert in sich trägt, ohne daß ihm eine sofort sichtbare äußere Bedeutung innewohnt.

Diese Form der belehrenden Geschichte ist vor vielen tausend Jahren als Kommunikationsmittel bis zur Vollkommenheit entwickelt worden. Die Tatsache, daß diesbezüglich keine große Weiterentwicklung stattgefunden hat, ließ Leute, die von gewissen Theorien unserer Zivilisation konditioniert sind, auf den Gedanken kommen, daß es sich bei diesen Erzählungen um das Produkt eines wenig erleuchteten Zeitalters handle. Sie sehen darin kaum mehr als eine literarische Kuriosität – etwas, das sich für Kinder eignet, möglicherweise die Projektion kindlicher Sehnsüchte, einen Weg zur Darstellung einer Wunscherfüllung.

Kaum etwas könnte weiter von der Wahrheit entfernt sein als pseudophilosophische, sicherlich unwissenschaftliche Vorstellungen dieser Art. Zahlreiche belehrende Geschichten sind tatsächlich für Kinder und naive Bauern von unterhaltendem Wert. Viele davon haben jene Form, wie sie heute von konditionierten Theoretikern gesehen wird, durch die unsachgemäße Behandlung von Dilettanten erhalten, die den ursprünglichen Inhalt der Geschichte entstellt haben. Einige wenden sich ausschließlich an bestimmte Gesellschaftsgruppen und sind in ihrer sinngemäßen Entfaltung von besonderen Umständen abhängig – Umstände, durch deren Fehlen die beabsichtigte Wirkung der Erzählung völlig ausbleibt.

Die Akademiker, Gelehrten und Intellektuellen dieser Welt wissen so wenig über dieses Gebiet, daß es in den modernen Sprachen keine Wortfügung gibt, die es umschreiben könnte.

Aber dessenungeachtet ist der belehrende Teil der Geschichte als solcher vorhanden – letztere gehört zum kostbarsten Erbe der Menschheit.

Echt belehrende Geschichten dürfen nicht mit Gleichnissen verwechselt werden. Gleichnisse sind in ihrer Absicht gleichwertig, bewegen sich jedoch auf einer niedrigeren Ebene, da sie allgemein an die Aufgabe des Einhämmerns moralistischer Grundsätze gebunden sind, nicht jedoch an den Beistand im Hinblick auf die innere Bewegung menschlichen Geistes. Was wir oft einem Gleichnis auf dessen unteren Stufe entnehmen, kann dennoch gelegentlich von wirklichen Spezialisten als belehrende Geschichte erachtet werden – insbesondere dann, wenn sie unter den richtigen Bedingungen erfahren wird.

Im Gegensatz zum Gleichnis läßt sich der Sinn einer belehrenden Geschichte nicht allein mit intellektueller Methodik klar darstellen. Ihre Handlung verläuft direkt und unfehlbar auf der Ebene des tiefsten Kerns menschlichen Seins – eine Handlung, die sich nicht zur Offenbarung über den gefühlsmäßigen oder intellektuellen Mechanismus eignet.

Wir können die Wirkung einer belehrenden Geschichte am zutreffendsten beschreiben, wenn wir feststellen, daß sie mit einem Teil des Individuums eine Verbindung herstellt, die auf keine andere Weise erreicht werden kann; sie stellt in ihm ein Kommunikationsmittel mit einer nicht-verbalen Wahrheit her, jenseits der üblichen Begrenzung unserer alltäglichen Dimensionen.

Bei einigen belehrenden Geschichten läßt sich aufgrund des literarischen und traditionalistischen – ja sogar ideologischen – Prozesses, den sie durchlaufen haben, deren ursprünglicher Sinngehalt nicht mehr eruieren. Den schlimmsten Prozeß dieser Art stellt die Historisierung dar, die dann stattfindet, wenn eine Gemeinschaft zu glauben beginnt, daß eine ihrer früheren belehrenden Geschichten wortwörtlich als historische Tatsache aufzufassen sei.

Die folgende Geschichte wird in einer Form erzählt, die von Entstellungen dieser – wie anderer – Art frei ist.

Es war einmal, vor nicht allzu langer Zeit, ein Königreich, in dem die Menschen überaus glücklich waren. Erfindungen und Entdeckungen aller Art sind von ihnen gemacht worden: auf dem Gebiet der Pflanzenzucht, der Ernte und der Konservierung von Früchten sowie der Herstellung von Gegenständen, die für den Verkauf an andere Länder bestimmt waren – ebenso im Bereich zahlreicher anderer Kunstfertigkeiten.

Ihr Herrscher war ungewöhnlich aufgeklärt, und er förderte neue Entdeckungen und Tätigkeiten, weil er um deren Vorteile für sein Volk wußte. Er hatte einen Sohn namens Hoshyar, der in Anwendung und Handhabung der verblüffendsten Fertigkeiten äußerst geschickt war. Sein zweiter Sohn hieß Tambal; ein Träumer, der sich nur für Dinge zu interessieren schien, die in den Augen des Volkes von geringer Bedeutung waren.

Von Zeit zu Zeit ließ der König, dessen Name Mumkin war, Bekanntmachungen folgenden Inhalts in Umlauf setzen:

»Es mögen alle, die über bemerkenswerte Erfindungen und nützliche, kunstvoll gefertigte Gegenstände verfügen, dieselben im Palast zur Prüfung vorweisen, auf daß sie angemessen belohnt werden können.«

Nun gab es zwei Männer in diesem Land – ein Eisenschmied und ein Holzbildhauer –, die auf den meisten Gebieten große Rivalen waren, und beide eine Vorliebe für die Herstellung seltsamer Maschinen hegten. Als sie eines Tages von dieser Bekanntmachung hörten, kamen sie überein, sich um eine Auszeichnung zu bewerben, auf daß über ihre diesbezüglichen Verdienste ein für allemal von ihrem Herrscher entschieden und diese öffentlich anerkannt werden könnten.

Demnach arbeitete der Schmied Tag und Nacht an der Entwicklung einer Maschine, wobei er eine Vielzahl begabter Spezialisten anstellte und seine Werkstatt mit hohen Mauern abschirmte, damit seine Einfälle und Verfahren nicht bekannt würden.

Zu derselben Zeit ergriff der Holzbildhauer sein einfaches Werkzeug und begab sich in den Wald, wo er nach langem, einsamen Nachdenken sein eigenes Meisterwerk in Angriff nahm.

Die Kunde über diesen Wettbewerb der beiden Männer drang an die Öffentlichkeit, und die Leute dachten, daß der Schmied mühelos den Sieg davontragen müsse, da man um seine kunstreichen Arbeiten wußte, während die Erzeugnisse des Holzbildhauers zwar allgemein bewundert wurden, jedoch nur von gelegentlichem und unspektakulärem Nutzen waren.

Als beide ihre Arbeit beendet hatten, empfing sie der König öffentlich am Hofe.

Der Schmied hatte einen riesigen metallenen Fisch hergestellt, der, nach Aussage des Schmieds, sowohl auf als auch unter dem Wasser schwimmen konnte. Er vermochte riesige Mengen Frachtgut über Land zu transportieren; er konnte sich in die Erde eingraben und sogar langsam durch die Luft fliegen. Zuerst wollte man es am Hof kaum glauben, daß es ein derartiges von Menschenhand geschaffenes Wunder geben könne – aber als der Schmied und seine Gehilfen die Maschine vorführten, war der König hoch erfreut und erhob den Schmied zu den Ruhmvollsten des Landes, indem er ihm einen besonderen Rang und den Titel eines »Wohltäters des Volkes« verlieh.

Prinz Hoshyar erhielt den Auftrag, sich mit der Herstellung dieses wundersamen Fisches zu befassen, wonach die Erfindung in den Dienst der gesamten Menschheit gestellt werden sollte.

Jedermann pries sowohl den Schmied und Hoshyar als auch den gütigen und klugen Monarchen, den alle sehr liebten.

In dieser Begeisterung hatte man den freiwillig in den Hintergrund getretenen Holzbildhauer völlig vergessen. Dann sagte eines Tages jemand: »Aber wie steht es mit dem Wettbewerb? Wann stellt sich der Holzbildhauer vor? Wir alle wissen, daß er ein erfinderischer Mann ist. Vielleicht hat er etwas Nützliches hervorgebracht.«

»Wie könnte etwas so nützlich sein wie die wundersamen Fische?« fragte Hoshyar. Und viele Höflinge und Leute aus dem Volk stimmten ihm bei.

Aber eines Tages war es dem König langweilig. Er hatte sich an die Neuigkeit dieser Fische und an die Berichte über jene Wunder, die sie regelmäßig zustandebrachten, gewöhnt. Er sprach: »Ruft den Holzbildhauer herbei, auf daß ich nun sehen könne, was er hergestellt hat.«

Der einfache Holzbildhauer betrat den Thronsaal – unter dem Arm hielt er ein Paket, das in ein rohes Tuch gewickelt war. Als sich alle Höflinge den Hals ausreckten, um festzustellen, was er bei sich hatte, entfernte er das Tuch und enthüllte ein hölzernes Pferd. Es war ganz leidlich geschnitzt und sowohl mit einem ausgeklügelten Muster als auch mit farbigen Malereien verziert.

Dennoch war es »bloß ein Spielzeug«, wie der König ungehalten feststellte.

»Aber, Vater«, sprach Prinz Tambal, »laß uns fragen, wozu dieses Pferd gut ist ...« »Nun«, erwiderte der König, »zu was dient es?«

»Eure Majestät«, stammelte der Holzbildhauer, »es ist ein Zauberpferd. Es sieht keineswegs imponierend aus, aber es hat gleichsam seine eigenen inneren Sinnesfunktionen. Im Gegensatz zu dem Fisch, der geführt werden muß, vermag dieses Pferd die Wünsche seines Reiters zu erkennen und ihn überall hinzutragen, wo er hinzugelangen wünscht.«

»Eine solche Albernheit eignet sich bloß für Tambal«, murmelte der oberste Minister des Königs; »gemessen an jenem wunderbaren Fisch, kann diesem Pferd kein echter Vorteil innewohnen.«

Der Holzbildhauer bereitete sich traurig auf seinen Abgang vor, als Tambal vorschlug: »Vater, laß mich das hölzerne Pferd besitzen!«

»So sei es«, antwortete der König, »gib ihm das Pferd. Führt den Holzbildhauer hinweg und bindet ihn irgendwo an einen Baum, auf daß er gewahr werde, daß die Zeit etwas Kostbares ist. Laßt ihn über den Wohlstand nachdenken, den uns der wunderbare Fisch gebracht hat – und vielleicht werden wir ihn eines Tages wieder freilassen, damit er das, was er mit Hilfe echten Nachdenkens über wirklichen Fleiß gelernt hat, in die Tat umsetzen kann.«

Der Holzbildhauer wurde weggeführt, und auch Prinz Tambal verließ, das Zauberpferd mit sich tragend, den Hof.

Tambal brachte das Pferd in seine Residenz, wo er alsbald entdeckte, das es mit verschiedenen, geschickt im eingeschnitzten Muster verborgenen Knöpfen versehen war. Wenn man diese Knöpfe auf eine bestimmte Weise drehte, erhob es sich – mit einem beliebigen Reiter auf dem Rücken – in die Luft und raste an jedwelchen Ort, den jene Person, die an dem Knopf drehte, im Sinn hatte.

Auf diese Weise flog Tambal tagtäglich an Orte, die er bis anhin noch nie besucht hatte. Im Lauf der Zeit lernte er viele Dinge kennen. Er nahm das Pferd überall hin mit.

Eines Tages traf er Hoshyar, der zu ihm sprach: »Ein hölzernes Pferd herumzuschleppen ist eine passende Beschäftigung für einen wie du. Was mich anbelangt, so arbeite ich zum Wohle aller – darauf ist das Begehren meines Herzens gerichtet!«

Tambal dachte: »Ich wollte, ich könnte um das Wohl aller wissen – und ich wollte, ich wüßte, was mein Herz begehrt.«

Als er sich das nächste Mal in seinem Gemach befand, setzte er sich auf sein Pferd und dachte: »Ich wünschte, ich könnte wissen, was das Begehren meines Herzens ist.« Zugleich bewegte er einige Knöpfe am Genick des Pferdes.

In demselben Augenblick erhob sich das Pferd in die Luft und trug den Prinzen in ein tausend Meilen weit entferntes Königreich, das von einem Magier-König regiert wurde.

Der Herrscher, dessen Name Kahana war, hatte eine wunderschöne Tochter, die Durri-Karima, Kostbare Perle, genannt wurde. Um sie zu schützen, hatte er sie in einen kreisförmigen Palast eingeschlossen, der sich wie eine Spirale zum Himmel hinauf erhob – höher, als irgendein Sterblicher je hingelangen konnte. Als er sich dem Zauberland näherte, erblickte Tambal am Himmelsgewölbe den glitzernden, hell erleuchteten Palast.

Die Prinzessin und der junge Reiter fanden zusammen und verliebten sich ineinander.

»Mein Vater wird uns nie gestatten, zu heiraten«, sprach sie, »denn er hat angeordnet, daß ich den Sohn eines anderen Magier-Königs eheliche, der auf der anderen Seite der kalten Wüste östlich unseres Heimatlandes lebt. Er hatte gelobt, daß – sobald ich alt genug sein werde – die Einheit der beiden Königreiche mit dieser Heirat gefestigt werden soll. Seinem Willen hat sich nie jemand mit Erfolg widersetzt.«

»Ich will ihn zu überzeugen suchen«, antwortete Tambal, als er sich erneut auf das Zauberpferd setzte.

Aber als er in das Zauberreich hinunterkam, waren dort soviele neue und aufregende Dinge zu sehen, daß er nicht sogleich zum Palast eilte. Als er schließlich dort anlangte, wurden am Tor bereits die Trommeln geschlagen, um die Abwesenheit des Königs anzuzeigen.

»Er stattet seiner Tochter im spiralförmigen Palast einen Besuch ab«, erklärte ihm ein Vorübergehender, den Tambal nach der möglichen Rückkehr des Königs fragte, »und er bleibt gewöhnlich mehrere Stunden bei ihr.«

Tambal begab sich an einen ruhigen Ort, wo er von dem Pferd verlangte, daß es ihn in die Gemächer des Königs tragen solle. »Ich werde mich ihm in seinem eigenen Haus nähern«, überlegte er sich, »denn falls ich ohne seine Erlaubnis den spiralförmigen Palast betrete, könnte er zornig werden.«

Als er die Gemächer des Königs erreicht hatte, versteckte er sich hinter einigen Vorhängen und legte sich dort schlafen.

In der Zwischenzeit hatte die Prinzessin – die ihr Geheimnis nicht verschweigen konnte – ihrem Vater gestanden, daß sie von einem Mann auf einem fliegenden Pferd besucht worden war, und daß derselbe sie zu heiraten wünsche. Kahana war rasend vor Wut. Er stellte rund um den spiralförmigen Palast Wachen auf und kehrte in seine Gemächer zurück, um die

Angelegenheit zu überdenken. Kaum hatte er sein Schlafzimmer betreten, als einer der stummen magischen Diener, die den Raum bewachten, auf das in einer Ecke liegende hölzerne Pferd zeigte. »Aha!« rief der Magier-König, »nun habe ich ihn erwischt. Laßt uns dieses Pferd genau anschauen und feststellen, um was es sich da handeln könnte.«

Während der König mit seinem Diener das Pferd untersuchte, gelang es dem Prinzen, sich aus dem Raum zu stehlen und in einem anderen Teil des Palastes Unterschlupf zu finden.

Nachdem er die Knöpfe hin- und hergedreht, das Pferd abgeklopft und dessen Funktionsweise vergeblich zu ergründen versucht hatte, war der König verwirrt. »Entfernt diesen Gegenstand«, befahl er, »er ist wertlos – selbst wenn dies einmal anders gewesen sein sollte. Eine Lappalie – geeignet für Kinder!«

Man stellte das Pferd in einen Vorratsraum.

König Kahana überlegte nun, daß er unverzüglich Vorkehrungen zur Verheiratung seiner Tochter treffen müsse – für den Fall, daß der Flüchtige noch über andere Kräfte oder Erfindungen verfügen sollte, mit deren Hilfe er die Prinzessin zu gewinnen suchen könnte. Er rief sie deshalb in seinen Palast und sandte Botschaft an den anderen Magier-König, in der er darum bat, daß jener Prinz, der die Prinzessin zu heiraten gedenke, seine Braut abholen solle.

Prinz Tambal, der in der Nacht, als einige Wächter schliefen, aus dem Palast entkam, hatte inzwischen beschlossen, daß er versuchen müsse, in sein eigenes Land zurückzukehren. Seine Suche nach dem Begehren seines Herzens schien nun beinahe hoffnungslos. »Und wenn es mich den Rest meines Lebens kostet«, sprach er zu sich selbst, »ich werde hierher zurückkehren und Truppen mitbringen, um dieses Königreich mit Gewalt zu erobern. Das wird mir nur möglich sein, indem ich meinen Vater davon überzeuge, daß ich zur Erfüllung meines Herzenswunsches seine Hilfe benötige.«

Mit diesen Worten machte er sich auf den Weg. Nie zuvor war ein Mensch für eine derartige Reise schlechter ausgerüstet.

Fremd, zu Fuß, ohne den geringsten Nahrungsvorrat, sah er sich der erbarmungslosen Hitze, den bitterkalten, immer wieder von Sandstürmen durchfegten Nächten ausgesetzt – bald war er in der Wüste hoffnungslos verloren.

Nun begann Tambal in seinem Delirium sich selbst, seinen Vater, den Magier-König, den Holzbildhauer und sogar die Prinzessin mitsamt dem Zauberpferd zu tadeln. Manchmal glaubte er Wasser vor sich zu sehen, gelegentlich schöne Städte – zuweilen war er gehobener Stimmung, dann und wann fühlte er sich unglaublich niedergeschlagen. Es kam sogar vor, daß er bei all seinem Ungemach Begleiter um sich zu haben wähnte, doch wenn er sich selbst aufrüttelte, erkannte er, daß er allein war.

Ihm schien, als ob er seit einer Ewigkeit unterwegs gewesen wäre. Als er bereits aufgegeben hatte, sich dabei aber mehrere Male wieder aufraffte, erblickte er plötzlich etwas, das wie eine Fata Morgana aussah: ein Garten voller herrlicher Früchte, die funkelten und ihn herbeizurufen schienen.

Zuerst schenkte Tambal dieser Erscheinung wenig Beachtung, aber als er weiterging, bemerkte er bald, daß er tatsächlich einen derartigen Garten durchschritt. Dessen Früchte erlösten ihn sowohl von seiner Angst als auch von seinem Hunger und seinem Durst. Als er satt war, legte er sich im Schatten eines großen einladenden Baumes nieder und schlief ein.

Als er erwachte, fühlte er sich recht wohl, aber irgend etwas schien nicht in Ordnung zu sein. Er rannte zu einem nahen Tümpel und betrachtete sein Spiegelbild auf der Wasseroberfläche.

Was ihm da entgegenstarrte, war eine erschreckende Erscheinung mit einem langen Bart, gekrümmten Hörnern und etwa dreißig Zentimeter langen Ohren. Er betrachtete seine Hände – sie waren mit Pelz bewachsen.

War dies ein Alptraum? Er versuchte sich selbst aufzuwekken, aber alles Zwicken und Schlagen nützte nichts. Nun, beinahe all seiner Sinne beraubt, außer sich vor Angst und Entsetzen, warf er sich schreiend und schluchzend zu Boden. »Ob ich nun lebe oder sterbe«, dachte er, »diese verfluchten Früchte haben mich endgültig ruiniert. Selbst mit Hilfe der größten Armee aller Zeiten wird mir ein Sieg nichts mehr nützen. Niemand würde mich jetzt mehr heiraten, am wenigsten die Prinzessin Kostbare Perle. Und ich kann mir kein Wesen vorstellen, das bei meinem Anblick nicht entsetzt wäre – geschweige denn sie, die Sehnsucht meines Herzens!« Und er fiel in Ohnmacht.

Als er wieder erwachte, war es dunkel, und er sah ein Licht, das sich durch die schweigende Waldung näherte. Angst und Hoffnung bemächtigten sich seiner. Als das Licht näher kam, sah er, daß es der Schein einer schimmernden sternförmigen Lampe war, die von einem bärtigen Mann getragen wurde, der in ihrem Strahlenmeer daherschritt.

Der Mann bemerkte ihn. »Mein Sohn«, sprach er, »du bist von den Mächten dieses Ortes betroffen worden. Wenn ich nicht hier vorbeigekommen wäre, wärst du einfach eine weitere Bestie dieses verwunschenen Haines geblieben, von denen es mehrere gibt, die wie du aussehen. Aber ich kann dir helfen.«

Tambal fragte sich, ob dieser Mann wohl ein verkleideter Teufel sei – vielleicht sogar der Besitzer dieser üblen Bäume. Als er jedoch wieder zur Vernunft gelangte, wurde er gewahr, daß er nichts zu verlieren hatte.

»Hilf mir, Vater«, bat er den Weisen.

»Wenn du das Verlangen deines Herzens tatsächlich verwirklichen willst«, entgegnete der Alte, »so soll dieser Wunsch dein einziger Gedanke sein – denke nicht an die Frucht. Danach mußt du einige der getrockneten Früchte aufheben, die zu Füßen all dieser Bäume liegen, und essen. Nicht die frischen köstlichen ... Folge sodann deinem Schicksal.«

Mit diesen Worten schritt er weiter.

Während das Licht des Weisen in der Dunkelheit verschwand, bemerkte Tambal, daß der Mond aufging; in der Helligkeit seiner Strahlen sah er, daß in der Tat unter jedem Baum ganze Stapel gedörrter Früchte lagen.

Er ergriff einige Früchte und aß sie, so rasch er nur konnte.

Langsam, während er den Vorgang beobachtete, schwand das Fell von seinen Händen und Armen. Die Hörner begannen zunächst einzuschrumpfen, dann verschwanden sie schließlich. Der Bart fiel ab. Tambal war wieder er selbst. Mittlerweile wurde es allmählich hell, und in der Morgendämmerung vernahm er das Klingeln von Kamelglocken. Eine Prozession zog durch den verzauberten Hain.

Zweifellos handelte es sich dabei um den Reiteraufzug einer bedeutenden Persönlichkeit, die sich auf einer langen Reise befand. Wie Tambal so dastand, lösten sich zwei Vorreiter von dem glitzernden Geleit und galoppierten auf ihn zu.

»Im Namen des Prinzen unseres Herrn bitten wir um einige deiner Früchte. Ihre himmlische Hoheit ist durstig und äußerte ihren Wunsch nach diesen ungewöhnlichen Aprikosen«, sprach ein Offizier.

Tambal blieb immer noch regungslos stehen, so sehr war er von seinem kürzlichen Erlebnis betäubt. Nun stieg der Prinz höchstpersönlich von seiner Sänfte und sprach: »Ich bin Jadugarzada, der Sohn des Magier-Königs aus dem Osten. Nimm diesen Sack Gold, Dummkopf. Ich will einige deiner Früchte haben, weil mich nach ihnen gelüstet. Ich bin in Eile – ich bin unterwegs, um die Rechte auf meine Braut, Prinzessin Kostbare Perle, die Tochter Kahanas, des Magier-Königs des Westens, geltend zu machen.

Bei diesen Worten drehte sich Tambals Herz im Leibe um. Aber nachdem er gewahr wurde, daß dies das Schicksal sein müsse, das ihm der Weise vorausgesagt hatte, bot er dem Prinzen so viel Früchte an, als dieser zu essen vermochte.

Nachdem er gegessen hatte, schlief der Prinz ein. Gleichzeitig begannen ihm Hörner, ein Pelz und gewaltige Ohren zu wachsen. Die Soldaten rüttelten ihn wach, und der Prinz begann ein seltsames Benehmen an den Tag zu legen: Er behauptete, daß *er* normal sei, und daß *sie* entstellt wären.

Die Ratsmitglieder, welche die Gesellschaft begleiteten, beschwichtigten den Prinzen und verhandelten in aller Eile. Tambal berief sich darauf, daß nichts derartiges geschehen wäre, wenn der Prinz nicht geschlafen hätte. Schließlich beschloß man, Tambal auf die Sänfte zu setzen, wo er die Rolle des Prinzen zu spielen habe. Der gehörnte Jadugarzada wurde an ein Pferd gebunden und mit einem Gesichtsschleier als Dienerin verkleidet.

»Möglicherweise findet er seinen Verstand wieder«, sprachen die Ratsmitglieder, »und letzten Endes ist er immer noch ein Prinz. Tambal soll das Mädchen heiraten. Dann bringen wir alle so rasch als möglich in unser Land zurück, damit der König das Problem lösen kann.«

Tambal, der den richtigen Zeitpunkt abwartete und den Weg seines Schicksals ging, erklärte sich einverstanden, bei dieser Verkleidungsposse mitzumachen.

Als die Gesellschaft in der Hauptstadt des Magier-Königs des Westens eintraf, kam ihnen der König höchstpersönlich entgegen, um sie zu begrüßen. Tambal wurde als Bräutigam zu der Prinzessin gebracht – und diese war so erstaunt, daß sie beinahe in Ohnmacht gefallen wäre. Aber Tambal gelang es, ihr rasch zuzuflüstern, was geschehen war, und sie wurden mit großem Jubel ordnungsgemäß getraut.

In der Zwischenzeit hatte der gehörnte Prinz seinen Verstand halbwegs wiedergewonnen. Sein Aussehen war jedoch unverändert, und die Begleitmannschaft hielt ihn nach wie vor in sicherer Deckung. Kaum war die Festlichkeit zu Ende, trat der Anführer der Gesellschaft des gehörnten Prinzen – jener, der Tambal und die Prinzessin genauestens hatte überwachen lassen – vor den versammelten Hofstaat. Er sprach: »O gerechter und ruhmreicher König, Quell der Weisheit – laut den Prophezeiungen unserer Sterndeuter und Wahrsager ist nun die Zeit gekommen, wo das jungvermählte Paar in unser Land zurückgeleitet werden soll, auf daß sie in ihren neuen Wohnsitz unter den möglichst glücklichsten Umständen und Konstellationen Einzug halten können.«

Die Prinzessin wandte sich voller Furcht Tambal zu, da sie wußte, daß Jadugarzada kurz nach dem Aufbruch seine Rechte geltend machen und Tambal in Kürze vernichten würde.

Tambal flüsterte ihr zu: »Fürchte nichts. Wir müssen so geschickt wie nur möglich vorgehen und unserem Schicksal folgen. Erkläre dich mit der Abreise einverstanden, stelle jedoch die Bedingung, daß du ohne das hölzerne Pferd nicht aufbrechen würdest.«

Zuerst war der Magier-König über diese sentimentale Laune seiner Tochter verärgert. Er erkannte, daß sie das Pferd nur deshalb wollte, weil es in Zusammenhang zu ihrem ersten Freier stand. Der oberste Minister des gehörnten Prinzen sprach jedoch: »Ich sehe in diesem Begehren nichts Schlimmeres als ein marottenhaftes Verlangen nach einem Spielzeug, wie es bei jedem jungen Mädchen vorkommen könnte. Ich hoffe, daß ihr die entsprechende Erlaubnis erteilt wird, so daß wir uns raschmöglichst auf den Heimweg begeben können.«

Auf diese Weise willigte der Magier-König ein, und bald schon befand sich der Reiterzug in vollem Glanz auf seinem Rückweg. Nachdem sich das königliche Geleit verabschiedet hatte – und ehe die Zeit des Nächtigens gekommen war –, warf der abscheuliche Jadugarzada seinen Schleier von sich und schrie Tambal entgegen: »Elender Urheber meines Mißgeschicks! Ich will dich nun an Händen und Füßen fesseln und dich als Gefangenen in mein Land zurückführen! Wenn du mir dort nicht sagen wirst, wie ich diese Verzauberung wieder loswerde, werde ich dir bei lebendigem Leib Zentimeter um Zentimeter die Haut abziehen lassen. Gib mir nun die Prinzessin Kostbare Perle!«

Tambal lief zu der Prinzessin, setzte diese aufs hölzerne Pferd und erhob sich mit ihr vor den erstaunten Anwesenden gen Himmel.

Innerhalb weniger Minuten erreichte das Paar den Palast von König Mumkin. Sie erzählten alles, was ihnen zugestoßen war, und der König war beinahe überwältigt vor Entzücken über ihre sichere Rückkehr. Er erließ sofort den Befehl, daß der glücklose Holzbildhauer auf freien Fuß zu setzen sei, auf daß er belohnt und von der ganzen Bevölkerung gefeiert würde.

Als der König starb, folgten ihm Prinzessin Kostbare Perle und Prinz Tambal auf den Thron nach. Prinz Hoshyar war ebenfalls zufrieden, weil er nach wie vor von dem wunderbaren Fisch hingerissen war.

Und diese Geschichte ist der Ursprung eines seltsamen, von den Einwohnern dieses Landes gepflegten Sprichwortes, dessen Quell heute vergessen ist. Das Sprichwort lautet: »Jene, denen nach Fisch verlangt, können mit Hilfe des Fisches viel erreichen – und jene, die das Begehren ihres Herzes nicht kennen, müssen zuerst die Geschichte vom hölzernen Pferd vernehmen.«

Der Prinz der Dunkelheit

Einst lebte in der Stadt Damaskus ein Goldschmied. Er verfertigte so kunstreiche Schmuckstücke, daß sein Ruhm bis zu den Ohren Eblis' des Bösen drang.

Der Goldschmied saß eines Tages in seinem Laden und vollendete gerade die Flügel eines goldenen Schmetterlings, als er das dunkle Antlitz des Bösen bemerkte, der durch das Schaufenster blickte. »Allah erbarme dich meiner!« rief der Goldschmied aus. »Ist meine letzte Stunde gekommen?«

Die Türe öffnete sich, als ob man sie mit unsichtbarer Hand aufgestoßen hätte, und die großgewachsene, schwarzgewandete Gestalt trat ein.

Der Böse lächelte und sprach: »Guter Freund, fürchte dich nicht. Ich bin nicht um deinetwillen gekommen. Ich habe lediglich deine herrlichen Arbeiten betrachtet. Ich habe sogar in der Hölle von deiner vortrefflichen Kunstfertigkeit vernommen. Ich möchte gerne einige Probestücke haben – sagen wir jene, die du gerade im Schaufenster liegen hast.«

»Nun, gewiß, nimm alles, was dir gefällt«, erwiderte der Goldschmied bereitwillig. Er war so glücklich, daß ihn der Böse verschonen würde, daß er ihm alles gegeben hätte. »Ich werde dir die Schmuckstücke einpacken, damit du sie sofort mitnehmen kannst. Hier – ein juwelenbesetzter Bär, ein goldener Fisch mit Rubinaugen und ein Halsband, das einer ...«

»Nein, nein«, unterbrach ihn der Böse ungeduldig, »ich will diese Dinge nicht jetzt. Ich werde sie zu einem anderen Zeitpunkt abholen. Laß alles für mich im Schaufenster liegen – selbst wenn es Jahre dauern sollte, bis ich wiederkomme. Versprichst du mir dies?«

»Ich verspreche es«, erwiderte der Goldschmied. Und der Böse entschwand.

»Wer hat soeben mit dir gesprochen?« fragte die Frau des Goldschmieds, die ihrem Gatten ein Glas Sorbet brachte.

»Meine Liebe«, antwortete er, »es war niemand anders als Eblis, der verfluchte Prinz der Dunkelheit, persönlich. Ich mußte ihm versprechen, alles, was sich im Schaufenster befindet, für ihn aufzubewahren – er wird es abholen kommen, sobald er dazu bereit ist. Obgleich es mir um meine schönen Arbeiten leid tut, bin ich dankbar, daß er mich – gelobt sei die Gnade Allahs – nicht in die Hölle mitgenommen hat.«

»Alles, was sich im Schaufenster befindet?«

»So sagte der Böse.«

»O weh, o weh – unser Kind hat im Schaufenster gespielt, und dies bedeutet, daß der Böse es bei seiner Rückkehr ebenfalls mitnehmen wird!« erwiderte die Frau.

Der Goldschmied eilte, um nachzusehen: und in der Tat, im Schaufenster befand sich seine kleine Tochter, die sich unschuldig an dem goldenden Spielzeug erfreute, das ihr Vater dort ausgestellt hatte.

»Schnell, Frau«, sprach er, »lauf zum Silberschmied und bring mir eine Unze reinen Silbers.« Seine Frau tat, wie er sie gebeten hatte, und brachte – in ihr Taschentuch weinend – das Silber.

Der Goldschmied begab sich in seine Werkstatt, nahm den heiligen Koran zur Hand und las den Thronvers. Danach hämmerte er das Silber, bis es so dünn wie Papier war, und gravierte darauf für seine Tochter einen Talisman ein, den diese um ihren Hals tragen sollte.

Denn er wußte, daß ein Glücksbringer am sichersten wirkte, wenn er aus Silber gearbeitet war. Seiner Tochter erklärte er, daß sie den Talisman auf sich tragen müsse – ansonsten würde sie der Eblis holen.

Jahre vergingen, und der Böse war immer noch nicht zurückgekehrt. Der Goldschmied und seine Frau hatten den Vorfall beinahe vergessen, als Eblis plötzlich wieder im Laden des Goldschmieds erschien.

»Ich bin wegen der Schätze gekommen, die du mir versprochen hast«, sprach der Böse, »das Mädchen wird jetzt ungefähr siebzehn Jahre alt sein, oder?«

»Ja«, erwiderte der Goldschmied, »aber komme von deinem Ansinnen ab, o mächtiger Eblis, denn unsere Tochter ist das einzige Kind, das uns in unseren alten Tagen bleibt. Ich flehe dich an, bitte verschone sie. Nimm mich an ihrer Stelle mit, ich habe die Freuden des Lebens hinter mir, aber sie ist noch jung. Nimm mich mit, großer Fürst der Dunkelheit!«

»Nein und nochmals nein, das ist mir absolut unmöglich«, erwiderte der Böse, indem er eine der schönen Goldfiguren wegschleuderte, die ihm der Goldschmied überreicht hatte, »ich will sie, nur sie ...«

Nun sandte der Goldschmied den Diener zu seiner Tochter mit der Bitte, herzukommen, da man sie dringend erwarte.

Das Mädchen, dessen Name Zorah war, nahm ein Bad, und in ihrem Bemühen, der Bitte ihres Vaters eiligst nachzukommen, vergaß sie beim Ankleiden ihr Halsband mit dem Talisman umzuhängen. Sie eilte in den Laden – aber der große schwarze Fremde, der sich bei ihrem Vater befand, ließ sie zurückschrecken.

»Zorah, mein Kind«, sprach der Goldschmied, »das ist Eblis, der mächtige Herrscher der Unterwelt, der gekommen ist, um dich mitzunehmen.« In der Annahme, daß seine Tochter durch den silbernen Talisman geschützt sei, fuhr der Goldschmied fort: »Aber da du den Talisman um deinen Hals trägst, mußt du nicht mitgehen. Fürchte dich nicht.«

»Was?« schrie der Böse. »Wie wagst du es, mich zu hintergehen? Ich lasse mich nicht auf diese Art und Weise berauben!« Und er streckte seine Hand aus, um das Mädchen an ihren Kleidern zu packen – aber dieses eilte so rasch davon, daß nur ihr Schleier in seinen klauenartigen Fingern zurückblieb. Zorah rannte, so schnell sie die Füße trugen, und fand ihren Talisman neben dem Bad liegen. Sie hängte ihn um und war sogleich vor dem Bösen geschützt. Eblis stieß einen Zornesschrei aus und sagte zu dem Goldschmied: »Nun, gut so, ich gehe nun, aber ich werde in sieben Tagen wiederkommen, um deine Tochter abzuholen. Präg dir meine Worte gut ein!« Und er verschwand, um mit Hilfe seiner Furien gewisse Vorkehrungen zu treffen.

Nun heckte der Goldschmied folgenden Plan aus: Er würde von seiner Tochter ein Wachsmodell herstellen und im Innern desselben eine Maschine verbergen, die es ermöglicht, daß der leblose Körper wie ein lebendiges Wesen gehen und sprechen kann.

Sieben Tage und sieben Nächte lang arbeitete er heimlich in seinem Keller und stellte ein perfektes Abbild seiner Tochter her, das so täuschend echt war, daß sogar die Mutter nur mit Mühe zwischen dem Modell und der lebendigen Tochter zu unterscheiden vermochte.

Nachdem er das Mädchen bei einer Tante in einem benachbarten Dorf untergebracht hatte, erwartete der Goldschmied seinen diabolischen Besucher.

Tatsächlich – während er in seiner Werkstatt saß, erschien erneut der Böse und sprach: »Bringe sofort deine Tochter hierher, Alter – ohne Talisman, oder ich gebiete meinen Furien, dir das Haus niederzubrennen. Ich habe jetzt keine Lust mehr, weiterhin mit mir spaßen zu lassen!«

Der Goldschmied streckte seinen Kopf hinter die Vorhänge, die den Zugang zu den Frauengemächern verdeckten, und rief: »Zorah, mein Kind, komm sofort hierher, denn der mächtige Eblis, der Fürst der Dunkelheit, ist gekommen, um dich abzuholen.«

Als sie die Worte ihres Gatten vernahm, drehte die Frau des Goldschmieds den Schlüssel im Rücken der schönen lebensgroßen Puppe und drapierte einen rosaroten Schleier um deren Haupt. »Ich höre und gehorche, Vater«, sprach sie mit sanfter Stimme und öffnete die Vorhänge, indem sie der Puppe gleichzeitig einen Stoß versetzte. Danach versteckte sie sich und wartete.

Der Goldschmied hielt den Atem an, als er das liebliche Wesen ins Zimmer gleiten sah.

Als Eblis der Böse einen flüchtigen Blick auf die verhüllte Gestalt getan hatte, rief er: »Komm nun zu mir, schöne Sterbliche, auf daß ich dich ins herrliche Reich der Dunkelheit mitnehme. Dort sollst du meine Königin der ewigen Nacht sein.« Er zog den rosaroten Schleier weg und sah zwei sittsam gesenkte Augen. Die Stimme der Puppe murmelte sanft: »Ich höre und gehorche, Fürst der Dunkelheit.«

Damit klemmte der Böse die Puppe unter seinen Arm und trug sie in die Unterwelt.

In dieser Nacht wurde im Reich des ewigen Feuers ein großes Festessen veranstaltet, denn Eblis hatte seine Günstlinge im voraus dazu angehalten, diese abendliche Unterhaltung aufs beste vorzubereiten.

Das Essen war wunderbar, der Wein köstlich, die Musik fröhlich. Aber unglücklicherweise war das Feuer etwas zu heiß. Während der Böse in guter Stimmung auf seinem elfenbeinernen Throne saß und trank, begann die wächserne Mädchengestalt zu schmelzen und fiel schließlich in die Flammen; binnen weniger Augenblicke war von der Puppe nichts mehr zu sehen. Die Furien standen entsetzt da, stützten sich auf ihre großen Gabeln und fragten sich, wie ihr teuflischer Meister den Verlust aufnehmen würde.

Zu ihrer großen Erleichterung rief dieser aus: »Nun, die Menschen sind ein zerbrechlicher Haufen. Dieses unglückselige Mädchen weilte nur für kurze Zeit unter uns. Wie hätte sie hier unten als meine Braut für die Ewigkeit bleiben können? Ich irrte mich. Legt Holz nach, entfacht das Feuer aufs neue!«

Das Fest wurde vergnügter, und der Wein floß in Strömen, während das große Feuer lauter prasselte als je zuvor. Das Gelage dauerte bis spät in die Nacht hinein, und der Böse dachte nie mehr an Zorah, die Tochter des Goldschmieds.

Begegnung in einer Einsiedelei

Von der folgenden Geschichte heißt es, daß sie einst von Emir Hamza (gestorben 1710) als Antwort auf folgende Frage erzählt worden sei: »Wie kannst du uns mit einem Gleichnis deine Fähigkeit veranschaulichen, in einer anderen Welt als der unsrigen zu leben?«

Man sagt, daß er »sich unsichtbar machen konnte, indem er einfach einen Schritt zur Seite tat, während seine Füße im rechten Winkel zueinander standen«. Über dieses sowie über andere Wunder meinte er: »Ich verbiete euch, irgendeines meiner Wunder zu erzählen, ohne hinzuzufügen, daß das Bewerkstelligen von Wundern zum Zwecke der Selbststärkung oder Kraftübertragung und nicht zur Verblüffung oder Überzeugung anderer erfolgt.«

Eine weitere Bemerkung Hamzas lautet: »Wir begeben uns im Leib oder im Geist in ein anderes Land, wobei wir gelegentlich hierbleiben – zuweilen aber den Leib buchstäblich dorthin mitnehmen. Aus jener Welt bringen wir das mit, was wir benötigen: Speise, die nie gekostet, Trank, der nie geschluckt worden ist.«

Schah Firoz starb im Jahre 1660. Im Gedenken des Volkes lebt er – in neuer Form – weiter, als ein heimlicher Führer der Sufis.

Ich hatte mich zu Fuß zu einer Einsiedelei im Hindukusch begeben, um den dortigen Scheich zu besuchen und um zu erfahren, ob ich auf irgendeine Weise meine Zweifel stillen könnte, die ich im Hinblick auf eine Methodik hegte, mit der man das wirkliche Vorhandensein des verborgenen Pfades beweisen kann. Erst nach zahlreichen Abenteuern kam ich schließlich ans Ziel – geleitet von der freundlichen Rauchsäule, die dem Kamin des einfachen Gebäudes entstieg.

Ein bescheiden, doch unverkennbar gekleideter Mann mit einem ehrlichen Gesicht saß ruhig unter der Tür der Einsiedelei.

»Willkommen, Bruder«, sprach er. Alles andere als erfreut, war ich vielmehr darüber verwirrt, daß mir dieser Mann, der sicherlich ein Wächter war, so geringen Respekt bezeugte.

»Seid Ihr der Wächter?« fragte ich.

»So nennt man mich«, erwiderte er.

»Ich möchte zu dem Alten, dem Führer«, erklärte ich ihm.

»So nennt man mich«, gab er zur Antwort.

Und dann war ich glücklich, daß mich der große Lehrer »Bruder« genannt hatte. Als wir uns ins Innere des Hauses begaben, rannte dem Scheich ein kleiner Hund entgegen, froh darüber, daß dieser zurückgekehrt war.

»Willkommen, Bruder«, sagte der Scheich zu dem Tier, und der Gedanke, daß ich mit dieser Begrüßung auf dieselbe Stufe wie der Hund gestellt und keineswegs geehrt worden war, machte mich erneut niedergeschlagen. Aber aus Höflichkeit sagte ich nichts, denn ich war der Gast.

Bald saßen wir vor einer Schale Joghurt – als der Führer sprach, rezitierte er einen Sinnspruch:

Ein Rauchwölkchen vor einem Berg – das Herz wird froh.

Ein freundliches Wort zu einem kleinen Hund – das Herz wird traurig.

Ich war erstaunt, beunruhigt und ziemlich beschämt, daß er auf diese Weise um meine geheimsten Gedanken wußte.

»Unterweise mich«, bat ich.

Er antwortete: »Was singe ich, und was singt meine Laute? Du und ich, wir harmonieren nicht zusammen, obwohl ich um deine Gedanken weiß. Was hast du bis anhin selber gelernt? Was haben dir andere beigebracht? Du bist beunruhigt, weil du von so weit weg hierhergekommen bist und am Ende deiner Reise jemand gefunden hast, der deine Gedanken lesen kann. Und du spürst, daß du diese Fähigkeit vielleicht erlernen könntest, um sie nach Herzenslust anzuwenden. Ich scheine dir annehmbar zu sein, so wie den Menschen bisweilen gewisse Grundsätze akzeptabel erscheinen. Aber bist du für mich annehmbar? Die Leute bemühen sich nie, darüber nachzudenken, daß der Grundsatz seinerseits sie nicht akzeptieren könnte.«

Erstmals überkam mich echte Angst; allein mit diesem machtvollen Menschen an einem so einsamen Ort – ich begann zu zittern.

Und der Führer sprach weiter: »Du mußt gehen. Du bist noch zu unreif, um von einem Lehrer zur Entfaltung gebracht zu werden. Eine Frucht muß mit den richtigen Dingen in Berührung gelangen – mit jenen Elementen, die sie zur Reife bringen. Entferne dich, kämpfe, arbeite auf jede erdenkliche Weise an dir selbst. Wenn du der Reife näher bist, wirst du richtig befähigt sein, die Erfahrung unseres Meisters Ben Adhen zu begreifen, der den Thron von Balkh verschenkte, um mit uns zu sein.

Denn eines Tages ging er der Straße entlang, als er auf dem Boden einen Stein liegen sah. Darauf stand geschrieben: ›DREH MICH UM UND LIES‹. Er hob ihn also auf und betrachtete dessen Rückseite. Dort stand zu lesen: ›WARUM STREBST DU NACH MEHR WISSEN, WENN DU DEM, WAS DU BEREITS WEISST, SO WENIG BEACHTUNG SCHENKST?‹.«

Mich von dem Weisen abwendend, dachte ich: »Ich wünschte, jedermann hätte eine derartige Begegnung – auf diese Weise würde es zumindest allgemein bekannt, daß es auf der Welt eine solche Art von Unterweisung gibt.«

Er fuhr fort: »Oft ist die Strafe für das Wissen, daß man ausgelacht wird. Erzähle den Leuten von unserem Gespräch; sie werden dich für verrückt halten. Auf diese Weise schützt sich das echte Wissen selbst.«

Ich versuchte nicht, Worte zu finden, aber in meinem Herzen hegte ich aufs ernsthafteste den Gedanken: »Wie kann ich dienen?«

Und – ebenfalls ohne Worte – sprach Schah Firoz direkt zu meinem Herzen: »Steigere dein Verlangen zu dienen, und du wirst dazu Gelegenheit erhalten.«

Erst als ich nach zahlreichen Bemühungen dieses Stadium erreicht hatte, erkannte ich den wahren Wert meiner Begegnung mit ihm, der Schah Firoz genannt wird.

(Firman-Bardar von Badakhshan)

Das Heiligengrab

Diese Geschichte, die von einem Kommentator als »tiefgreifende Allegorie der menschlichen Fähigkeit, sich selbst zu betrügen, der vernunftgemäßen Erklärung von Kraft sowie der Neigung, ein Glaubensbekenntnis auf ein anderes abzustützen« bezeichnet worden ist, wird seit alters her Haddschi Bektasch (gestorben 1337) zugeschrieben – dem Gründer des Bektaschi-Ordens der Derwische.

Eine andere Ansicht bezüglich dieser Geschichte lautet, daß sie dazu bestimmt sei, »die Parallelen zwischen echter Religion und dem, was der Mensch darunter versteht«, aufzuzeigen.

»Echte Religion wird mit dem Grab eines wahren Heiligen verglichen: was der Mensch darunter versteht, ist das Bestatten eines Esels anstelle eines Heiligen.«

Derwische waren bekannt dafür, daß sie diese Geschichte dazu benutzten, sich selber lächerlich zu machen, indem sie sagten: »Alle Heiligengräber sind Schwindel.« Sie taten dies mit der Absicht, ungeeignete Kandidaten von einer möglichen Anhängerschaft abzuschrecken.

Mulla Nasrudins Vater war hochgeachteter Verwalter eines Heiligengrabes, der Ruhestätte eines großen Meisters; ein Pilgerort, der sowohl die Leichtgläubigen als auch jene anzog, die nach der Wahrheit suchten.

Falls die Dinge ihren normalen Verlauf nahmen, konnte Mulla Nasrudin damit rechnen, daß er eines Tages diese Aufgabe übernehmen würde. Aber kurz nach seinem fünfzehnten Geburtstag, als man ihn zum Mann erklärt hatte, entschloß er sich, dem alten Grundsatz zu folgen, der da hieß: »Suche nach dem Wissen und wenn es in China wäre.«

»Ich will dich nicht davon abhalten, mein Sohn«, sprach der Vater. Nasrudin sattelte somit seinen Esel und brach auf.

Er besuchte Ägypten und Babylonien, durchwanderte die Arabische Wüste, setzte seinen Weg nordwärts fort, in Richtung Ikonien, Buchara, Samarkand und Hindukusch-Gebirge, schloß sich Derwischen an und steuerte stets auf den Fernen Osten zu.

Nasrudin kämpfte sich über die Bergketten in Kaschmir, als sich – nach einem Umweg über Tibet – sein Esel, von der dünnen Luft und den Entbehrungen überwältigt, auf die Erde legte und starb. Nasrudin war schmerzgebeugt; dieser Esel war der einzige stete Begleiter seiner Reisen gewesen, die ein Dutzend Jahre oder noch länger gedauert hatten. Gebrochenen Herzens begrub er seinen Freund und errichtete einen einfachen Erdhügel über dem Grab. Dort blieb er still meditierend sitzen – über sich die turmhohen Berge, im Tal die tosenden Gebirgsbäche.

Bald schon bemerkten die Leute, welche die Gebirgsstraße zwischen Indien und Zentralasien, China und den Heiligtümern Turkestans benutzten, den einsamen Mann, der abwechselnd seinen Verlust beweinte und seinen starren Blick auf die Täler Kaschmirs richtete.

»Es muß sich in der Tat um das Grab eines Heiligen handeln«, sprachen sie zueinander, »das Grab eines Mannes von nicht zu unterschätzender Vollendung, daß sein Schüler so tief um ihn trauert. Wahrhaftig – er befindet sich nun seit vielen Monaten hier, und sein Schmerz scheint keine Linderung zu finden.«

Alsbald kam ein reicher Mann des Weges und befahl, daß als Ausdruck der Gottesfurcht an dieser Stelle eine Kuppel und eine Grabstätte errichtet werden sollen. Andere Pilger terrassierten die umliegenden Berghänge und pflanzten Feldfrüchte, deren Verkaufserlös für den Unterhalt des Heiligengrabes bestimmt war. Der Ruhm des still trauernden Derwischs verbreitete sich so weit, daß auch sein Vater davon hörte. Er brach sogleich zu einer Pilgerfahrt nach diesem geheiligten Ort auf. Als er seinen Sohn erblickte, fragte er ihn, was vorgefallen sei, und Nasrudin erzählte es ihm. Der alte Derwisch hob voller Erstaunen seine Hände gen Himmel und rief: »Wisse, mein Sohn, daß jene Grabstätte, in deren Schatten du aufgewachsen bist und die du verlassen hast, auf genau dieselbe Art und Weise entstanden ist – durch eine ähnliche Verkettung von Ereignissen, als mein Esel vor dreißig Jahren gestorben war.«

Mushkil Gusha

Wenn sich einige Menschen zusammenfinden und auf eine gewisse Art und Weise miteinander in Einklang stehen – so, daß jene, die für Disharmonie sorgen, ausgeschlossen bleiben –, dann liegt jener Zustand vor, den wir als ein Ereignis bezeichnen. Dabei handelt es sich keineswegs um das, worunter man in zeitgenössischen Kulturen ein Ereignis zu verstehen pflegt. Dort wird nämlich etwas, das »stattfindet« und die Leute mittels subjektiver Einwirkungen beeindruckt, als Ereignis empfunden: Jene Gegebenheit, die einige als ein »kleineres Ereignis« bezeichnen, weil es sich in der »kleineren Welt« abspielt – in jener, die sich im Rahmen menschlicher Beziehungen problemlos formiert, indem man Verbindungen herstellt und sich gewisser Dinge erinnert.

Das echte Ereignis, von dem das kleinere ein geziemendes Ebenbild darstellt (nicht mehr und nicht weniger), ist jenes, das höheren Sphären angehört.

Ein höheres Ereignis läßt sich nicht in Form einer hochtrabenden irdischen Darstellung getreu wiedergeben, ohne daß es dabei an Genauigkeit verliert. Etwas, das in einer höheren Sphäre von außerordentlicher Wichtigkeit ist, kann nicht ohne bedeutsamen Wertverlust in Begriffen aus Literatur, Wissenschaft oder dramatischer Dichtkunst umgesetzt werden. Gewisse Erzählungen jedoch – vorausgesetzt, sie enthalten Elemente höherer Ereignisse, die absurd, unwahrscheinlich oder gar mangelhaft erscheinen mögen – können das höhere Ereignis auf den dazu erforderlichen Bereich des Geistes übertragen.

Die Geschichte von Mushkil Gusha ist ein Beispiel dafür.

Gerade der »Mangel an Vollständigkeit« innerhalb der Ereignisse, die »Unordnung« des Themas, das Fehlen gewisser Faktoren, die man im Rahmen einer Geschichte erwartet hätte; dies alles bildet in diesem Falle einen Hinweis auf die größere Parallele.

Die Geschichte von Mushkil Gusha

Es war einmal, da lebte keine tausend Meilen von hier entfernt ein armer verwitweter Holzfäller mit seiner kleinen Tochter. Er pflegte jeden Tag in die Berge zu gehen, um Brennholz zu schlagen, das er anschließend nach Hause schleppte und bündelte. Danach frühstückte er und marschierte in die nächstgelegene Stadt, wo er das Holz verkaufte und vor der Rückkehr etwas ausruhte.

Eines Tages, als er sehr spät nach Hause kam, sagte das Mädchen zu ihm: »Vater, manchmal wünsche ich mir, daß wir etwas Besseres zu essen hätten – eine größere Auswahl an Speisen.«

»Freilich, mein Kind«, erwiderte der alte Mann, »morgen werde ich früher als üblich aufstehen. Ich werde höher in die Berge hinaufsteigen, wo es mehr Holz gibt, und ich werde eine sehr viel größere Menge davon mitbringen. Ich werde frühzeitig zu Hause sein, ich werde das Holz eher bündeln können, und ich werde dir allerlei leckere Dinge mitbringen.«

Am nächsten Morgen erhob sich der Holzfäller vor Tagesanbruch und begab sich in die Berge. Er arbeitete sehr hart, schnitt das Holz, bearbeitete es und band es zu einem riesigen Bündel zusammen, das er auf seinem Rücken in sein kleines Haus trug.

Als er dort ankam, war es immer noch sehr früh. Er legte seine Ladung Holz auf den Boden und klopfte an die Tür, indem er rief: »Tochter, Tochter, öffne die Tür, ich bin hungrig und durstig – ich benötige eine Mahlzeit, ehe ich auf den Weg zum Markt aufbreche.«

Aber die Tür blieb verschlossen. Der Holzfäller war so müde, daß er sich auf den Boden legte und schon bald neben seinem Bündel Holz einschlief. Das kleine Mädchen, das sich dessen, was sie in der vorhergehenden Nacht besprochen hatten, nicht mehr erinnerte, lag tief schlafend in seinem Bett. Als es einige Stunden später erwachte, stand die Sonne bereits hoch am Himmel. Der Holzfäller klopfte nochmals an die Tür und rief: »Tochter, komm rasch – ich muß etwas essen und auf den Markt gehen, um das Holz zu verkaufen, denn es ist bereits sehr viel später, als ich üblicherweise aufzubrechen pflege.«

Aber das kleine Mädchen, das sich des Gesprächs, das sie in der vorhergehenden Nacht geführt hatten, nicht mehr erinnerte, war inzwischen aufgestanden und hatte sich – nachdem sie das Haus aufgeräumt hatte – auf einen kleinen Spaziergang begeben. Da sie in ihrer Vergeßlichkeit annahm, daß ihr Vater immer noch in der Stadt sei, hatte sie die Türe abgeschlossen.

Da dachte der Holzfäller: »Es ist nun recht spät, um in die Stadt zu gehen. Ich will deshalb in die Berge zurückkehren, ein weiteres Bündel Holz fällen, es nach Hause tragen und morgen eine doppelte Ladung auf den Markt bringen.«

Den ganzen Tag mühte sich der alte Mann im Walde ab, fällte Holz und schnitt die Äste ab. Als er mit dem Bündel auf den Schultern wieder zu Hause ankam, war es Abend.

Er legte seine Last hinter dem Hause ab, klopfte an die Türe und sprach: »Tochter, Tochter, öffne die Tür. Ich bin müde und habe den ganzen Tag nichts gegessen. Ich habe ein zweites Bündel Holz, das ich morgen auf den Markt zu tragen hoffe. Heute Nacht muß ich gut schlafen, damit ich bei Kräften bin.«

Aber er erhielt keine Antwort, denn das kleine Mädchen war nach ihrer Rückkehr nach Hause sehr müde gewesen, hatte sich eine Mahlzeit gekocht und war zu Bett gegangen. Zuerst war sie recht besorgt, daß ihr Vater nicht zu Hause gewesen war, aber sie kam zu der stillen Überzeugung, daß er in der Stadt übernachtet haben müsse.

Der Holzfäller, der sich wiederum vor verschlossener Türe sah, müde, hungrig und durstig war, legte sich erneut neben sein Holzbündel und schlief ein. Es gelang ihm nicht, wach zu bleiben, obwohl er sich große Sorgen um das Schicksal des kleinen Mädchens machte.

Da der Holzfäller es jedoch so kalt hatte, hungrig und erschöpft war, erwachte er am nächsten Morgen sehr früh – sogar vor Sonnenaufgang.

Er setzte sich auf und schaute um sich, aber er konnte nichts sehen. Und dann geschah etwas Seltsames. Der Holzfäller glaubte eine Stimme zu hören, die zu ihm sagte: »Schnell, schnell! Laß dein Holz liegen und komm diesen Weg. Wenn du genug bedarfst und wenig genug *willst*, wirst du köstliche Speise dein Eigen nennen.«

Der Holzfäller erhob sich und ging in Richtung der Stimme. Und er marschierte und marschierte, aber er fand nichts.

Er war nun hungriger und müder und fror mehr als je – und er fühlte sich verloren. Er war voller Hoffnung gewesen, aber das schien ihm nicht geholfen zu haben. Er war nun betrübt und hätte am liebsten geweint. Er sah jedoch ein, daß ihm das Weinen auch nichts helfen würde, und so legte er sich auf die Erde und schlief ein.

Bald schon wachte er auf. Es war kalt, und er war zu hungrig, um schlafen zu können. Er beschloß deshalb, sich selber – wie eine Geschichte – alles zu erzählen, was ihm zugestoßen war, seit seine kleine Tochter erstmals sagte, daß sie gerne andere Speise hätte.

Kaum hatte er die Geschichte beendet, glaubte er, eine andere Stimme zu vernehmen, die irgendwo über seinem Haupt, aus der Morgendämmerung heraus zu ihm sprach: »Alter, was sitzest du dort?«

»Ich erzähle mir meine eigene Geschichte«, antwortete der Holzfäller. »Und wie lautet sie?« fragte die Stimme.

Der alte Mann wiederholte seine Erzählung. »Nun gut«, erwiderte die Stimme. Und dann forderte sie den alten Holzfäller auf, seine Augen zu schließen und die Beine so zu bewegen, als ob er eine Stufe hinaufsteigen würde. »Aber ich sehe keine Stufe«, meinte der Alte. »Mach dir nichts draus, aber tue so, wie ich dir gesagt habe«, antwortete die Stimme.

Der alte Mann tat, wie man ihm befohlen hatte. Sobald er die Augen schloß, fühlte er, daß er aufrecht stand, und als er seinen rechten Fuß hob, verspürte er etwas wie eine Stufe unter sich. Er begann dieses »Etwas« zu besteigen, das eine Treppe zu sein schien. Plötzlich begann sich die ganze Treppe sehr schnell zu bewegen, und die Stimme sprach: »Öffne deine Augen nicht, ehe ich dich dazu auffordere.«

Kurze Zeit danach befahl die Stimme dem Alten, er solle seine Augen öffnen. Als er dies getan hatte, sah er sich an einem Ort, der einer Wüste glich – die Sonne brannte auf ihn nieder. Er war von einer unübersehbaren Masse Kieselsteine umgeben; Kiesel in allen Farben: Rot, Grün, Blau und Weiß. Aber er schien allein zu sein. Er blickte rund um sich und konnte niemanden entdecken – die Stimme jedoch begann erneut zu sprechen: »Hebe so viele Steine auf, als du kannst, schließe deine Augen, und steige wieder die Stufen hinab.«

Der Holzfäller tat, wie man ihn geheißen; als er auf Befehl der Stimme die Augen wieder öffnete, sah er sich vor der Türe seines eigenen Hauses stehen.

Er klopfte an die Tür, und seine kleine Tochter öffnete. Sie fragte ihn, wo er gewesen sei. Er erzählte es ihr, wobei sie seinen Ausführungen kaum folgen konnte, so verwirrend tönte das Ganze.

Sie begaben sich in das Haus, und das kleine Mädchen teilte mit ihrem Vater den letzten Bissen, der übriggeblieben war: eine Handvoll getrocknete Datteln. Als sie ihr Mahl beendet hatten, glaubte der Alte erneut eine Stimme zu hören, die genau gleich tönte wie jene, die ihn aufgefordert hatte, die Treppe zu besteigen.

Die Stimme sprach: »Obwohl du es vielleicht nicht weißt, bist du von Mushkil Gusha errettet worden. Erinnere dich der Tatsache, daß Mushkil Gusha stets anwesend ist. Sorge dafür, daß du jeweils donnerstagnachts einige Datteln issest – gib einige davon einem Bedürftigen und erzähle die Geschichte von Mushkil Gusha. Oder mache im Namen von Mushkil Gusha jemandem ein Geschenk, der den Notleidenden helfen wird.

Vergewissere dich, daß die Geschichte nie, gar nie vergessen wird. Falls du dich so verhältst und falls dies auch jene tun, denen du die Geschichte erzählst, werden Menschen in echter Not stets ihren Weg finden.«

Der Holzfäller legte alle Steine, die er aus der Wüste mitgebracht hatte, in eine Ecke seines kleinen Hauses. Sie sahen wie ganz gewöhnliche Steine aus, und er wußte nicht, was er mit ihnen anfangen sollte.

Am nächsten Tag nahm er ein riesiges Bündel Holz mit auf den Markt und verkaufte es ohne Schwierigkeiten zu einem hohen Preis. Als er nach Hause zurückkehrte, brachte er seiner Tochter allerlei Nahrungsmittel mit, die sie nie zuvor gekostet hatte. Nachdem sie gegessen hatten, sprach der alte Holzfäller: »Nun werde ich dir die ganze Geschichte von Mushkil Gusha erzählen. Mushkil ist der ›Tilger aller Schwierigkeiten‹. Unsere Schwierigkeiten sind uns von Mushkil Gusha aus dem Weg geräumt worden, und wir müssen uns dessen stets erinnern.«

Beinahe eine Woche lang ging der Alte seiner gewohnten Arbeit nach. Er erklomm die Berge, brachte Holz zurück, aß etwas, trug Holz auf den Markt und verkaufte es. Stets fand er ohne Schwierigkeiten einen Käufer. Nun kam der nächste Donnerstag, und – wie der Mensch nun eben beschaffen ist – der Holzfäller vergaß, die Geschichte von Mushkil Gusha zu erzählen.

Spät abends ging im benachbarten Haus das Feuer aus. Die Nachbarn besaßen nichts, womit sie das Feuer hätten neu entfachen können, und so gingen sie zum Hause des Holzfällers.

Sie baten: »Nachbar, Nachbar, entzünde uns einen Span an einer deiner herrlichen Lampen, die wir durch das Fenster leuchten sehen.«

»Was für Lampen?« fragte der Holzfäller.

»Komm zu uns heraus«, sprachen die Nachbarn, »und sieh, was wir meinen.«

Der Holzfäller trat aus dem Haus und sah dann ganz deutlich unzählige strahlende Lichter, die durch das Fenster schienen.

Er ging in seine Behausung zurück und stellte fest, daß das Licht von jenen Kieselsteinen stammte, die er in einer Ecke des Zimmers angehäuft hatte. Aber die Strahlen dieses Lichts waren kalt; zum Entfachen eines Feuers konnten sie nicht verwendet werden. Er kehrte deshalb zu den Nachbarn zurück und sprach: »Nachbarn, es tut mir leid, aber ich habe kein Feuer.« Und dann schlug er die Türe vor ihren Nasen zu. Sie waren verärgert und verwirrt – murrend kehrten sie nach Hause zurück.

Der Holzfäller und seine Tochter bedeckten die strahlenden Lichter schnellstens mit jedem Stück Tuch, das sie finden konnten; sie fürchteten, daß jemand sehen könnte, was für Schätze sie besaßen. Am nächsten Morgen, als sie die Tücher von den Steinen entfernten, entdeckten sie, daß es kostbare, strahlende Edelsteine waren.

Sie brachten die Juwelen Stück für Stück in die benachbarten Städte, wo sie sie für viel Geld verkauften. Nun beschloß der Holzfäller, für sich und seine Tochter einen wunderschönen Palast zu errichten. Sie suchten dafür einen Platz aus, der sich direkt gegenüber dem Schlosse ihres Königs befand. Innerhalb kurzer Zeit entstand dort ein herrliches Bauwerk.

Nun hatte der König eine wunderschöne Tochter, und als diese eines Morgens aufstand, erblickte sie gegenüber dem Palast ihres Vaters eine Art Märchenschloß – sie war erstaunt. Sie fragte ihre Diener: »Wer hat dieses Schloß gebaut? Welches Recht erlaubt diesen Leuten, so nahe unserem Palast zu bauen?«

Die Diener gingen aus, um Erkundigungen einzuziehen; nach ihrer Rückkehr erzählten sie der Prinzessin die Geschichte, so gut sie dieselbe in Erfahrung hatten bringen können.

Die Prinzessin ließ die kleine Tochter des Holzfällers zu sich kommen, da sie sehr böse auf sie war. Als sich die beiden Mädchen jedoch kennenlernten und miteinander gesprochen hatten, wurden sie alsbald gute Freundinnen. Sie begannen sich täglich zu sehen und schwammen und spielten in dem Wasserlauf, den der König für seine Tochter hatte errichten lassen. Einige Tage nach ihrem ersten Zusammentreffen hängte die Prinzessin ihr schönes und wertvolles Halsband an einen Baum, der gerade neben dem Wasserlauf stand. Als sie aus dem Wasser stieg, vergaß sie ihr Halsband, und als sie zu Hause angelangt war, glaubte sie es verloren zu haben.

Die Prinzessin dachte eine Weile darüber nach und kam dann zur Schlußfolgerung, daß die Tochter des Holzfällers ihr Halsband gestohlen hätte. Sie erzählte es ihrem Vater, und dieser ließ den Holzfäller verhaften; er konfiszierte dessen Schloß und erklärte den gesamten Besitz des Holzfällers zur Wiedergutmachungssumme. Der alte Mann wurde ins Gefängnis geworfen und die Tochter in ein Waisenhaus gebracht.

Wie es in diesem Lande Sitte war, holte man den Holzfäller nach einer gewissen Zeit aus dem Kerker und brachte ihn auf den großen öffentlichen Platz, wo man ihn an einen Pfahl ankettete und ihm eine Tafel um den Hals hängte. Auf dieser stand geschrieben: »So geht es jenen, die den König bestehlen.«

Zuerst versammelten sich die Leute um ihn herum, spotteten und warfen ihm Gegenstände an. Er war äußerst unglücklich. Aber wie der Mensch nun einmal beschaffen ist: bald schon hatten sich alle an den vor dem Pfosten sitzenden Alten gewöhnt und schenkten ihm nur noch geringe Beachtung. Gelegentlich warfen sie ihm etwas Eßbares zu – gelegentlich auch nicht.

Eines Tages hörte er zufällig, wie jemand erwähnte, daß es Donnerstagnachmittag sei. Plötzlich kam ihm der Gedanke, daß bald der Abend Mushkil Gushas da sein würde, der Abend jenes Erlösers aus allen Schwierigkeiten, dessen er während so vieler Tage zu gedenken vergessen hatte. Kaum hatte er diese Überlegung angestellt, als ihm ein Barmherziger im Vorbeigehen eine kleine Münze zuwarf. Der Holzfäller rief: »Großzügiger Freund, du hast mir Geld geschenkt, das mir nichts nützt. Wenn deine Freundlichkeit jedoch so groß wäre, daß du eine oder zwei Datteln kaufen, dich zu mir setzen und sie gemeinsam mit mir essen würdest, so wäre ich dir unendlich dankbar.«

Der Barmherzige ging und kaufte einige Datteln. Die beiden Männer setzten sich und aßen sie gemeinsam auf. Als sie ihr

Mahl beendet hatten, erzählte der Holzfäller dem Fremden die Geschichte von Mushkil Gusha. »Ich glaube, du bist verrückt«, sprach der freigebige Mann. Aber er war ein freundlicher Mensch, der selber zahlreiche Schwierigkeiten hatte. Als er nach diesem Zwischenfall nach Hause kam, sah er, daß all seine Probleme gelöst waren. Und damit begann er viel über Mushkil Gusha nachzudenken.

Am nächsten Morgen kehrte die Prinzessin an ihren Badeplatz zurück. Als sie ins Wasser steigen wollte, sah sie etwas auf dem Boden des Wasserlaufs liegen, das wie ihr Halsband aussah. Beim Versuch zu tauchen und den Gegenstand heraufzuholen, mußte sie niesen. Als die den Kopf aus dem Wasser streckte, bemerkte sie, daß das vermeintlich auf dem Boden des Wasserlaufs liegende Halsband nur eine Widerspiegelung war – es hing nach wie vor an jenem Ast, an den sie es vor langer Zeit gehängt hatte. Die Prinzessin nahm das Halsband an sich und rannte aufgeregt zu ihrem Vater, um ihm zu erzählen, was geschehen war. Der König befahl, daß der Holzfäller freigelassen werde und ihm öffentlich Abbitte getan werden solle. Das kleine Mädchen holte man aus dem Waisenhaus zurück, und alle lebten fortan glücklich.

Dies waren einige Ereignisse aus der Geschichte von Mushkil Gusha. Es handelt sich dabei um eine sehr lange Geschichte, die kein Ende nimmt. Sie hat zahlreiche Formen – einige davon werden überhaupt nicht als Geschichte von Mushkil Gusha bezeichnet, so daß sie von den Leuten nicht als solche erkannt werden. Aber aufgrund von Mushkil Gusha wird dieser Geschichte immer von irgend jemandem irgendwo in der Welt gedacht, Tag und Nacht – in jedwelcher Form –, wo immer es Menschen gibt. Da seine Geschichte immer erzählt worden ist, wird sie auch in Zukunft stets erzählt werden.

Wirst *du* jeweils donnerstagnachts die Geschichte von Mushkil Gusha erzählen und damit dessen Tätigkeit unterstützen?

Eine Hand und ein Fuß klatschen zusammen keinen Beifall.
Sprichwort

Der betrogene Tod

Es war einmal ein äußerst reicher Kaufmann namens Omar. Er besaß eine Flotte schöner Schiffe, die Waren aus fernen Ländern herbeibrachten. Er war vornehmer Abstammung und seine Ehre makellos.

Eines Tages verließ ihn sein Glück – er vernahm, daß all seine Schiffe in einem wütenden Sturm zerschellt und seine Matrosen bis auf einen Mann ertrunken waren.

»Allah, hab Erbarmen mit uns!« weinte Omar, »wahrlich, dies ist der schwärzeste Tag meines Lebens.« Aber es sollte noch ganz anders kommen. Nach Hause zurückgekehrt, stellte er fest, daß sein Besitz bis auf den Grund niedergebrannt, sein Vorrat an Seide und Juwelen verschwunden, sein Gold von Dieben gestohlen war. Seine Diener, die ihm angesichts dieses Unglücks nicht begegnen wollten, waren alle geflüchtet. Er war allein, ohne Geld, ohne Heim, ohne persönlichen Besitz.

»Ohne meine Schätze bin ich verloren«, dachte er, »ich ertrage es nicht mehr, mich erhobenen Hauptes unter jenen zu bewegen, die mich einst um meines Reichtums willen schätzten. Wie soll ich in meiner Pein neu beginnen? Es ist unmöglich.« Und so beschloß er, sein Herz in beide Hände zu nehmen und sich von einem hohen Fels in das Meer zu stürzen. Die schrecklichen Fluten schlugen über seinem Haupt zusammen, und er hatte das Gefühl, in ein bodenloses Loch zu fallen.

Aber das Meer warf ihn an den Strand, nachdem es ihn beinahe ertränkt hatte. Dort lag er, in zerrissenen schmutzigen Kleidern, blinzelte in die Sonne und konnte es nicht glauben, daß er immer noch am Leben war.

»Ich will bloß sterben!« schrie er dem teilnahmslosen Himmel entgegen, »ich kann so nicht weiterleben.«

Er raffte sich auf und stolperte den steinigen Strand entlang, indem er zahlreiche Möglichkeiten, seinem Leben ein Ende zu setzen, in Erwägung zog.

In den Straßen, die er vor Verzweiflung halbwegs wahnsinnig durchwanderte, erkannte ihn niemand als den einstigen Großkaufmann. Er wurde angerempelt, zur Seite gestoßen und von Straßenjungen angeschrien.

Plötzlich ertönte ein Schrei: »Tod allen Königen und Regenten!« Omar hörte die Stimme eines verrückten zerlumpten Bettlers, der ein Messer schwang; er blieb stehen, um festzustellen, was da vor sich ging. Das Ganze spielte sich am Tor des königlichen Palastes ab, wo der Hauptmann der Wache tot, von dem Verrückten erschlagen, am Boden lag.

Die Soldaten schienen dem großgewachsenen Bettler gegenüber machtlos zu sein, und als das Messer in dessen Hand erneut aufblitzte, eilte Omar dem König zu Hilfe. Furchtlos kämpfte er mit dem Mann – sie wälzten sich schier endlos auf dem Marmorboden. Da stürmten die Wachen den Thronsaal und schlugen dem Verrückten den Kopf vom Rumpf weg.

»Halt!« rief der König, als Omar wegzurennen versuchte, um einen anderen Weg der Selbstzerstörung zu suchen. »Komm hierher, guter Mensch, ich muß dich dafür belohnen, daß du mein Leben gerettet hast.«

»Eure Majestät«, erwiderte Omar, »ich wünsche keine Belohnung, ich will nur sterben.«

»Sterben?« sprach der König, »warum solltest du sterben wollen? Erzähle mir alles – jede Einzelheit.«

»Alle meine Schiffe sind zerschellt, mein Haus ist niedergebrannt, mein Gold von Dieben gestohlen. Ich kann unter meinesgleichen nicht mehr mit erhobenem Haupte gehen, deshalb muß ich einen Weg finden, um diese unglückselige Welt raschmöglichst zu verlassen. Selbst das Meer wollte mich nicht ersäufen.«

»Du Narr«, antwortete der König, »für die Errettung meines Lebens sollst du belohnt werden. Ist die große Sünde, seinem Leben ein Ende zu setzen, nicht verboten? Nun warte, du sollst alles wiederbekommen, was du verloren hast, und erneut zu den Angesehenen dieses Landes gehören.«

Der König erteilte seinem Großwesir den Befehl, daß Omar ein Ehrenkleid erhalten solle, daß man neue Schiffe für ihn bereitzustellen habe – was immer dies auch kosten möge –, und daß das ihm gestohlene Gold aus dem Staatsschatz ersetzt werden müsse.

Von dieser Stunde an wurde Omar wieder geachtet und geehrt; sein Wunsch zu sterben, schwand.

Mit der Zeit wurde er so reich – seine Handelsgüter umfaßten ein ungeheures Vermögen –, daß er um die Hand der Königstochter anhalten konnte.

Eines Tages lustwandelte er in seinem Rosengarten und roch an einigen besonders schönen Blüten, als er eine Stimme vernahm, die seinen Namen rief. Er drehte sich um und erblickte eine große Gestalt, die mit verhülltem Antlitz und gefalteten Händen unter einem Baum stand.

»Friede sei mit dir!« sprach Omar, »wen habe ich die Ehre, begrüßen zu dürfen?«

»Ich bin der Todesengel«, antwortete die verhüllte Gestalt, »ich bin gekommen, um dich ins Paradies zu holen. Du mußt nun mit mir kommen.«

»O nein, nein, das kann ich nicht«, erwiderte Omar, »ich bin jetzt nicht bereit. Ich führe ein schönes reiches Leben; alles, was ich benötige, ist mir beschert – die Tochter des Königs ist meine Gattin. Bitte verschone mich, laß mich die guten Dinge dieser herrlichen Welt noch etwas länger genießen.«

»Du mußt mit mir kommen«, sprach der Todesengel, »ich habe meine Aufgabe zu erfüllen wie jeder andere. Komm, ich muß mich auf den Weg machen und noch andere Menschen abholen.«

Da dachte sich Omar eine List aus.

»Ich bin nicht vorbereitet«, antwortete er. »Laß mich die

Moschee besuchen, um dort meine Gebete zu verrichten, danach will ich dir gerne folgen.«

»Wirst du nach deinen Gebeten mit mir kommen? Versprichst du das?« fragte der Engel.

»Ja, ich verspreche es«, sprach Omar und senkte sein Haupt, um ein Lächeln zu verbergen.

Der Engel entschwand, und Omar begann laut zu lachen.

Denn von diesem Tag an betrat Omar keine Moschee mehr.

Jahre vergingen, und Omar wurde immer einflußreicher. Als ihm die ersten grauen Haare wuchsen, betrachtete er sich selbst in einem Spiegel und dachte: »Wie vornehm ich doch geworden bin – gewiß bin ich nebst meinem Schwiegervater, dem König, die bedeutendste Persönlichkeit des Landes.«

In diesem Augenblick betrat ein Diener den Raum und meldete Omar, daß ihn der König zu sehen wünsche.

Omar beeilte sich, um zu hören, was ihm der König zu sagen habe. »Mein lieber Omar«, sprach der Monarch, »das geistige Oberhaupt der Türkis-Moschee ist gestorben, und ich kann mir niemanden vorstellen, der für eine Nachfolge besser geeignet wäre als du. Komm, laß uns heute, Freitag, gemeinsam die Moschee besuchen; du sollst zur Mittagsstunde das Gebet anführen.«

»Nein, nein, Majestät«, erwiderte Omar voller Seelenpein, »ich bin dieses Amtes nicht würdig – bitte wähle jemand anderen, irgend jemand, nur nicht mich.«

»Deine Bescheidenheit ehrt dich«, antwortete der König, »aber ich bin nun um so entschlossener, daß du dieses Amt übernehmen sollst. Beeilen wir uns, denn es ist beinahe zwölf Uhr mittags.« Von Höflingen begleitet, begaben sich der König und Omar zur Türkis-Moschee.

Obwohl die Sonne heiß herniederbrannte, war es Omar, als ob eine eiskalte Hand nach seinem Herzen greifen würde. Sein Stolz verließ ihn, und er wußte, daß der Todesengel in der Nähe war. Sie erreichten die Moschee, und Omar übernahm die Gebetsführung. Als sie gläubig niederknieten, sich erhoben und erneut auf die Knie fielen, betete Omar inbrünstiger zu Allah, als er es je zuvor getan hatte. Er flehte den Allmächtigen an, ihm seine großen Sünden zu vergeben und Milde walten zu lassen.

Nach wenigen Augenblicken erschien der Todesengel mit verhülltem Antlitz und gefalteten Händen vor Omar, ohne daß er von den anderen gesehen wurde.

»Folge mir nun nach«, sprach der Engel, »ich habe lange auf dich gewartet, und heute ist für dich der Tag der Abrechnung gekommen.«

Plötzlich verspürte Omar tiefen Frieden in seinem Herzen. Er verneigte sein Haupt und sprach: »Nun, gut – eigentlich ist es eine große Erlösung, dir zu begegnen. Ich werde dir folgen. Schließlich ist das Paradies nach diesem Erdenleben die gerechte Belohnung für alle echten Gläubigen.«

»Nein, dem ist nicht so«, erwiderte der Engel. »Ich bin nicht hier, um dich ins Paradies zu geleiten. Früher kam ich mit dieser Absicht zu dir, aber – erinnere dich – du hast mich überlistet, und nun sollst du bestraft werden. Du wirst in die Unterwelt geschickt, da du dein Paradies auf Erden gehabt hast.«

Ehe Omar einen Schrei ausstoßen konnte, umfaßte ihn der Todesengel mit seinen eiskalten Armen und trug ihn fort. Auf dem Marmorboden blieb eine leblose, in ein kostbares Gewand gehüllte Gestalt zurück, die dakniete, als ob sie beten würde.

Die Nuß birgt einen süßen Kern; die Dattel einen nutzlosen Stein.

Sprichwort

Keine Antwort ist auch eine Antwort.

Sprichwort

Die drei Scharfsinnigen

Es waren einmal drei Sufis, die so achtsam und lebenserfahren waren, daß man sie allgemein als »die drei Scharfsinnigen« bezeichnete.

Im Verlauf ihrer Reise begegneten sie eines Tages einem Kameltreiber, der sie fragte: »Habt ihr mein Kamel gesehen? Ich habe es verloren.«

»Ist es auf einem Auge blind?« erkundigte sich der erste Scharfsinnige.

»Ja«, erwiderte der Kameltreiber.

»Fehlt ihm ein Vorderzahn?« fragte der zweite Scharfsinnige.

»Ja, ja«, antwortete der Kameltreiber.

»Lahmt es auf einem Fuß?« forschte der dritte Scharfsinnige weiter.

»Ja, ja, ja«, pflichtete der Kameltreiber bei.

Die drei Scharfsinnigen forderten den Mann auf, die ganze Strecke, die sie hinter sich gebracht hatten, abzuschreiten – er könne dann hoffen, das Kamel zu finden. Im Glauben, daß sie es gesehen hätten, machte sich der Mann schleunigst auf den Weg.

Aber der Treiber fand sein Kamel nicht, und er beeilte sich, die Scharfsinnigen wieder einzuholen, da er von ihnen Rat erhoffte. Er fand sie abends auf einem Rastplatz.

»Trägt dein Kamel auf einer Seite Honig und auf der anderen eine Ladung Getreide?« fragte der erste Scharfsinnige.

»Ja«, erwiderte der Mann.

»Sitzt eine schwangere Frau auf deinem Kamel?« erkundigte sich der zweite Scharfsinnige.

»Ja, ja«, antwortete der Treiber.

»Wir wissen nicht, wo es sich befindet«, sprach der dritte Scharfsinnige.

Nun war der Kameltreiber überzeugt, daß die drei Scharfsinnigen das Kamel mitsamt Passagier und Ladung gestohlen hatten; er brachte sie vor Gericht, wo er sie des Diebstahls anklagte.

Der Richter erachtete den Fall für glaubwürdig und nahm die drei Scharfsinnigen wegen Verdachts auf Diebstahl in Haft.

Kurze Zeit danach fand der Mann sein Kamel, das auf den Feldern herumirrte. Er ging erneut vor Gericht und sorgte dafür, daß die Scharfsinnigen freigelassen würden.

Der Richter, der den Verhafteten bis anhin keine Gelegenheit zu einer Erklärung gegeben hatte, erkundigte sich, wie sie soviel über das Kamel wissen konnten, das ihnen offenbar nicht einmal vor Augen gekommen war.

»Wir sahen auf der Straße die Fußabdrücke eines Kamels«, begann der erste Scharfsinnige.

»Eine der Fährten war schwach – der Fuß mußte lahm gewesen sein«, fuhr der zweite Scharfsinnige fort.

»Es hat die Büsche nur auf einer Straßenseite kahlgefressen – es muß somit auf einem Auge blind sein«, gab der erste Scharfsinnige zu bedenken.

»Links und rechts der Straße machten sich Bienen und Ameisen mit winzigen Überresten zu schaffen: wir sahen, daß es sich dabei um Honig und Getreide handelte«, sprach der zweite Scharfsinnige.

»Wir fanden an einer Stelle, wo jemand angehalten und vom Reittier gestiegen war, lange Menschenhaare – es waren Haare einer Frau«, sagte der dritte Scharfsinnige.

»Wo sich diese Unbekannte niedergesetzt hatte, fanden sich Abdrücke von Handflächen – daraus schlossen wir, daß diese Frau möglicherweise hochschwanger war und sich deshalb auf diese Weise erheben mußte«, ließ sich der erste Scharfsinnige vernehmen.

»Warum habt ihr in diesem Fall nicht beantragt, daß man

euch anhöre, damit ihr eine Erklärung abgeben könnt?« fragte der Richter.

»Weil wir damit rechneten, daß der Kameltreiber weiter nach seinem Kamel suchen und es bald finden würde«, gab der erste Scharfsinnige zur Antwort.

»Er käme sich sehr großmütig vor, falls sein Finden unsere Freilassung bewirkte«, meinte der zweite Scharfsinnige.

»Die Neugier des Richters würde eine Untersuchung auslösen«, steuerte der dritte Scharfsinnige bei.

»Das Entdecken der Wahrheit aufgrund seiner eigenen Untersuchungen wäre für alle Beteiligten besser als unsere Klage, daß wir unduldsam behandelt worden sind«, meinte der erste Scharfsinnige.

»Wir haben die Erfahrung gemacht, daß es im allgemeinen für die Menschen besser ist, auf jenem Weg zur Wahrheit zu gelangen, den sie als ihren eigenen Willensentscheid erachten«, fügte der zweite Scharfsinnige bei.

»Es ist Zeit, daß wir weiterziehen, denn es gibt noch einiges zu tun«, sprach der dritte Scharfsinnige zum Schluß.

Und die Sufi-Denker zogen ihres Weges. Man findet sie noch immer auf den Straßen dieser Welt, wo sie ihrer Tätigkeit nachgehen.

Auszüge

Definitionen des Mulla Do-Piaza

Reporter	Eine Katze, die vor dem Mauseloch lauert.
Krankheit	Der Bote des Todes.
Schuldner	Ein Esel im Sumpf.
Gemeinde	Vernunftwidrigkeiten, die durch Hoffnung auf das Unmögliche vereinheitlicht sind.
Geduld	Eine Stütze für den Enttäuschten.
Schwert Gottes	Die leeren Mägen der Armen.
Verdruß	Etwas, das unnötigerweise krank macht.
Spiegel	Ein Weg, um sich selber ins Gesicht zu lachen.
Drogen	Quell mystischer Erfahrung des Unwissenden.
Prüfung	Ein Ungemach, auf das man nicht gefaßt ist.
Armut	Die Folge der Heirat.
Intellektueller	Einer, der kein Handwerk beherrscht.
Büßer	Jemand, den man dazu gebracht hat, sich nicht mehr freuen zu können.
Weisheit	Etwas, das man lernen kann, ohne es zu wissen.
Narr	Ein Mensch, der mit den Unredlichen ehrlich zu sein versucht.
Mutiger Mensch	Jemand, der einer Prüfung entgegensieht.
Freunde	Grundbestandteile.

Gefühlsmensch	Ein Mann oder eine Frau, der – oder die – glaubt, das Göttliche erfahren zu haben.
Dichter	Ein Bettler mit Stolz.
Gönner	Jemand, der – was es auch immer sei – sagen wird.
Bestechung	Ersatz für Recht, das wiederum ein Ersatz für Gerechtigkeit ist.
Wahrheitsliebender	Einer, der insgeheim von allen als Feind betrachtet wird.
Schmeichelei	Eine der vielversprechendsten Beschäftigungen – sie ist stets von belebender Wirkung.
Anhänger	Jemand, der alles glauben wird, nur nicht das, was er sollte.

Die Definitionen des Mulla sind eher Grundlagen zur Kontemplation denn Aphorismen. Vom Leser wird erwartet, daß er jede Aussage auf unterschiedliche Weise zu interpretieren weiß. So können beispielsweise die Worte über den Narren sowohl »sei mit den Unredlichen nicht ehrlich« als auch »versuche nicht, ehrlich zu sein: sei ehrlich« bedeuten. Die meisten Menschen neigen dazu, die Aussagen im defensiven Sinn zu deuten. »Dies«, so sagt Do-Piaza, »ist der erste Schritt dazu, nicht mehr defensiv zu sein.«

Er entledigt sich einer gesteppten Decke – aus Angst vor Flöhen.

Sprichwort

Falls du keine Sorgen hast – kauf dir eine Ziege.

Sprichwort

Die beiden Brüder

Es waren einmal zwei Brüder, die gemeinsam einen Acker bebauten und dessen Ertrag stets miteinander teilten.

Eines Nachts erwachte einer von ihnen und dachte:

»Mein Bruder ist verheiratet und hat Kinder. Er hat somit Sorgen und Ausgaben, die mir nicht obliegen. Daher will ich einige meiner Getreidesäcke in seine Vorratskammer stellen, was mir nur gerecht erscheint. Ich will dies im Schutze der Nacht tun, damit er nicht aus lauter Großmut mit mir darüber streitet.«

Er schaffte die Säcke in dessen Vorratskammer und legte sich wieder ins Bett.

Bald danach erwachte der andere Bruder und dachte: »Es ist nicht recht, daß die Hälfte des Korns, das auf unserem Akker wächst, mir gehören soll. Mein Bruder, der unverheiratet ist, entbehrt der Freude, eine Familie zu besitzen – ich werde dies ein wenig auszugleichen versuchen, indem ich einige meiner Kornsäcke in seine Vorratskammer stelle.«

Gesagt, getan.

Am nächsten Morgen war jeder überrascht, daß nach wie vor dieselbe Anzahl Säcke in der eigenen Vorratskammer standen. Keiner konnte begreifen, warum es Jahr für Jahr gleich viel Säcke blieben; sogar dann, wenn jeder im geheimen einige davon in des anderen Vorratskammer verschob.

Sei ein Hund, aber kein jüngerer Bruder.

Sprichwort

Der Engel und der Wohltäter

Eines Tages war ein ehrwürdiger Einsiedler, der sich viele Jahre lang der Kontemplation und der Einsamkeit hingegeben hatte, von einem himmlischen Wesen besucht worden.

Nun, er spürte, daß sich hier ein Ergebnis seiner harten Bemühungen einstellte; eine Bestätigung dafür, daß er auf dem Weg zur Heiligkeit Fortschritte machte.

»Einsiedler«, sprach der Engel, »gehe und berichte einem gewissen Wohltäter, es sei durch den Allerhöchsten beschlossen worden, daß er aufgrund seiner guten Werke heute in genau sechs Monaten sterben und direkt ins Paradies gelangen werde.«

Entzückt eilte der Einsiedler zu dem Haus des Wohltäters.

Als dieser die Botschaft vernahm, vermehrte er sogleich seine mildtätigen Werke, in der Hoffnung, noch mehr Menschen helfen zu können, obgleich ihm soeben das Paradies versprochen worden war.

Aber drei Jahre vergingen, und der wohltätige Mann starb nicht. Er setzte sein Werk unbekümmert fort.

Der Einsiedler jedoch wurde immer mißmutiger: er fühlte sich benachteiligt, weil sich seine Weissagung nicht bewahrheitet hatte. Es ließ ihm keine Ruhe, daß ihn die Leute als falschen Propheten und angeblichen »Seher« bezeichneten – schließlich konnte ihn niemand mehr ertragen, am wenigsten er sich selbst.

Dann erschien der Engel erneut.

»Siehst du«, sprach dieser, »was für ein schwaches Wesen du bist. Wahrlich, der Wohltäter ist ins Paradies eingegangen und ›starb‹ tatsächlich auf eine gewisse Weise, um die nur der

Auserwählte weiß, während er sich nach wie vor seines Lebens erfreut. Du aber bist indessen nahezu nichtswürdig. Nun, da du die Schmerzen verspürt hast, welche die Eitelkeit mit sich führt, wirst du dich vielleicht auf den Weg zur Geistigkeit begeben können.«

Gastfreundschaft

Die Einwohner von Turkestan sind für ihre Großzügigkeit, ihre Selbstachtung und ihre Liebe zu Pferden bekannt.

Einem gewissen Turkestani namens Anwar Beg gehörte einst ein wunderschönes, schnelles und edles Zuchtpferd. Jedermann begehrte es, aber er weigerte sich, das Tier zu verkaufen, welche Summe ihm dafür auch geboten wurde.

Wiederholt besuchte ihn ein Freund, ein Pferdehändler namens Yakub, in der Hoffnung, das Pferd kaufen zu können. Anwar lehnte den Verkauf stets ab.

Eines Tages, als er hörte, daß für Anwar harte Zeiten gekommen waren, sprach Yakub zu sich selbst: »Ich werde mich nun zu Anwar begeben. Sicher wird er sich von seinem Pferd trennen, denn dessen Wert ist so groß, daß der Verkauf den Reichtum Anwars wiederherstellen wird.«

Unverzüglich begab er sich zu dem Haus seines Freundes.

Wie es in jenem Land Sitte ist, hieß Anwar Yakub willkommen, und ehe die Rede auf irgendein Geschäft kam, wurde dem Besucher die traditionelle Gastfreundschaft erwiesen. Eine Mahlzeit wurde aufgetragen, und sie aßen mit Genuß.

Als es Yakub endlich gelang, die Ursache seines Besuches ins Gespräch zu bringen, antwortete der mittellose Anwar:

»Wir können uns jetzt nicht über das Pferd unterhalten. Die Gastfreundschaft hat Vorrang: da du mich in meiner Armut besucht hast und ich dich gastfreundlich aufzunehmen habe – wisse, daß wir das Pferd schlachten mußten, um eine Mahlzeit zu beschaffen und den Pflichten des Gastgebers auf bestmögliche Weise nachkommen zu können.«

Die Mongolen

Als Samarkand von den Horden der Mongolen zerstört wurde, flüchteten jene, die im Kampf nicht getötet worden waren, nach Ost und West. Manche fanden jedoch den Tod in der Wüste. Hunger, Seuchen und die grausamen Reiter der Mongolei forderten noch zahlreiche Opfer; Männer, Frauen und sogar Kinder.

Man schätzt, daß – abgesehen von jenen, welche in der Schlacht gefallen waren – dreißig Millionen Menschen durch die Khans getötet worden sind. Diese hatten geschworen, daß sie alle ausrotten würden, die nicht ihrer Rasse angehörten.

Khwaja Anis, der Derwisch-Lehrer, bei dem viele Flüchtlinge in Afghanistan Schutz suchten, sprach folgende Worte zu ihnen:

»Ihr beschuldigt die Mongolen. Aber eure eigenen Gewohnheiten und eure Uneinigkeit sind, zumindest zum Teil, dafür verantwortlich. Diese Plage ist – zumindest teilweise – durch die Auswirkung eurer eigenen Torheit, die sich über Jahrhunderte angehäuft hat, hervorgerufen worden.

Ihr habt eine Schlacht verloren, und ihr glaubt, ihr hättet einen Krieg verloren. Die Mongolen sind erheitert und frohlocken, sie sind des Hohnes voll über euer Geschlecht; sie bewirken, daß die Völkerschaften all der umgebenden Länder – ja selbst solche weit entfernter Gebiete – über eure Niederlage triumphieren oder für euer Elend kein Empfinden haben.

Die Mongolen haben euch aus euren eigenen Häusern verdrängt und bemächtigen sich eurer Herden und eurer Ländereien; sie scheinen allerorten mit Tapferkeit und Erfolg zu bestehen. Die Männer bezeichnen euch als Memmen und Feiglinge.

Trotz eurer Unzulänglichkeit und trotz der Ansicht eurer Verleumder in bezug auf eure Schwäche werdet ihr den Sieg davontragen. Ich verkündige euch ein Gesetz der Völker, dessen Gültigkeit unfehlbar ist.

Ihr und eure Kinder werdet Zeugen der Demütigung dieser fremden Tyrannen sein. Ihre Demütigung wird solcher Art sein, daß sie gänzlich verschwinden werden. Die Welt des Islams wird sich erneut erheben, und die Mongolen werden in Turkestan, in Khorasa und im Iran sowie in allen andern Ländern, die sie erobert hatten, nichts als eine Erinnerung sein.

Sogar unter jenen, die heute über den Sieg der Mongolen erfreut sind, wird keiner über ihr Verschwinden weinen. Das, was im Augenblick unmöglich erscheint, ist genau das, was geschehen wird.«

(Erzählungen von Khwaja Anis)

Brief einer Königin

Mahmud von Ghazna war ein großer afghanischer Eroberer des 10. Jahrhunderts, dessen Name die Herzen der Perser und Inder mit Schrecken erfüllte.

Als der Herrscher von Persisch-Irak starb, übernahm dessen Gattin Sead die Regierung. Mahmud schrieb ihr und forderte unter Androhung eines Angriffs Tribut.

Dies ist der Brief, den die Königin-Mutter an Mahmud zurücksandte:

»Während mein Gatte noch lebte, fürchtete ich mich vor dem großen König Mahmud, der Persien und Indien überrannt hatte. Nun habe ich keine Furcht. Ich weiß, daß ein solcher Herrscher niemals ein Heer ausschicken würde, um eine Frau zu bekämpfen.

Falls er den Kampf gegen mich aufnehmen sollte, würde ich bis zum Schluß Widerstand leisten. Sollte ich gewinnen, wäre ich für alle Zeiten berühmt. Sollte aber der Sultan Mahmud den Sieg davontragen, so würden die Männer bloß sagen, daß er eine alte Frau bezwungen habe.

Da ich weiß, daß der Sultan zu weise ist, um sich der einen oder anderen Möglichkeit auszusetzen, fürchte ich mein Geschick nicht.«

Als Sultan Mahmud, der Unbezwingbare, diese Botschaft las, war er so beeindruckt, daß er schwor, zu Lebzeiten der Königin niemals in den Irak einzufallen.

Ich fürchte, du wirst Mekka nie erreichen, denn die Straße, der du folgst, führt nach Turkestan.

Sprichwort

Die Artillerie

Mein Urgroßvater Sayid Jan-Fishan Khan wurde einst nach Indien eingeladen, wo ihm zu Ehren eine große militärische Schau stattfand.

Man wollte diesem unabhängigen afghanischen Befehlshaber veranschaulichen, daß die kriegerische Leistungsfähigkeit des britischen Weltreiches derart groß war, daß es ihm zum Vorteil gereichte, wenn er dieselbe respektierte.

An einer bestimmten Stelle wurde dem Khan ein Artillerie-Offizier zugeteilt, der jedesmal, wenn die Granaten die Zielscheiben trafen, den fremden Befehlshaber mit einem begeisterten Aufschrei darauf aufmerksam machte. Dieser Mann sowie verschiedene andere Militärs wurden anschließend als Gäste von Jan-Fishan Khan nach Paghman eingeladen.

Während sie beim Bankett saßen, erschien ein Mann, der Jan-Fishan etwas mitteilte. Sobald er ihm geantwortet hatte, wandte sich Jan-Fishan – scheinbar freudig erregt – mit folgenden Worten an die britischen Offiziere:

»Haben Sie das gehört?«

»Was sagte er?« fragten sie.

»Es geht nicht um das, was er sagte«, erwiderte der Khan, »sondern um die Tatsache, daß wir uns gegenseitig verstanden haben!«

Die Offiziere waren verblüfft.

Am nächsten Tag nahm Jan-Fishan seine Gäste zu einer Besichtigung seiner Stallungen mit. Er machte auf einige Pferde aufmerksam.

Gerade wurde eines der Pferde gefüttert. »Schaut, wie es frißt!« brüllte der Khan.

Mit einem anderen Pferd wurde soeben trainiert. »Es kann tatsächlich laufen und springen!« rief der Khan begeistert und klatschte in die Hände.

Die Besucher dachten, daß ihr Gastgeber verrückt sein müsse.

Es war ihnen nicht möglich, sein ungewöhnliches Verhalten zu ergründen, ehe er zum Abschied folgendes zu ihnen sagte:

»Wie Sie gesehen haben, meine Herren – wenn Sie Ihrerseits Waffen besitzen, die genau das vollbringen, was erwartet wird, die Zielscheibe treffen, so bin ich meinerseits ebenfalls von Dingen umgeben, die ihre Aufgabe hinreichend erfüllen. Was ich von Ihnen gelernt habe, ist, darüber begeistert zu sein.«

Jan-Fishan Khans Gefälligkeit

Ein Mann kam zu Jan-Fishan Khan, dem Mystiker und Kriegsherrn des Hindukusch, der für seine Fähigkeit bekannt war, daß er sein Verhalten jeder Situation anzupassen wußte.

»Ich muß dich um eine kleine Gefälligkeit bitten«, sprach der Mann.

»Raus damit!« rief der Khan, »bevor du erfährst, daß du Jan-Fishan beleidigst, wenn du ihn um etwas Geringfügiges bittest!«

Was in eine Salzmine gerät, wird zu Salz.

Sprichwort

Der Mensch hat weniger Zeit, Freunde, Hoffnungen und Eigenschaften, als er vermutet.

Sprichwort

Omar und der Weintrinker

Kalif Omar hatte die Gewohnheit, sich aus dem Haus zu stehlen und vermummt durch die Straßen zu gehen, um sich zu vergewissern, daß alles seine Richtigkeit hatte: eine Praxis, die später auch von Harun al-Raschid in Bagdad aufgenommen wurde.

Eines Nachts hörte er Gesang; er kletterte auf die Mauer eines Hauses, um festzustellen, was dies zu bedeuten habe. Er sah einen Mann, der Wein trank.

Indem er durch das Fenster hineinstieg, rief er dem Mann zu:

»Schämst du dich nicht, dich an etwas gütlich zu tun, das im Koran verboten ist? Glaubst du, Gott sieht nicht, wie du sündigst?«

Der Mann erwiderte sogleich:

»Kalif des Islams! Ich habe eine Sünde begangen, und ich stehe dazu. Du aber hast dreimal gesündigt, indem du mich beschuldigst. Wie steht es mit deiner Reue?«

Omar war verblüfft und fragte: »Welche Sünden?«

Der Mann erwiderte:

»Der Prophet hat das Belauschen verboten, und du hast es getan. Der Koran sagt: ›Betritt ein Haus erst dann, wenn du seinen Bewohnern einen Gruß entboten hast‹, und das hast du nicht getan. Es steht geschrieben, daß alle Gläubigen ein Haus durch die Türe zu betreten haben, und dem bist du nicht nachgekommen.«

Omar nahm den Tadel an.

Die Wege Allahs sind wunderbar: Er hatte die Hölle, dennoch erschuf er Indien.

Sprichwort

Die richtigen Kanäle

Ein Bettler näherte sich dem Kalifen Marwan und bat ihn um eine milde Gabe.

»Richte deine Bitte an Allah«, sprach Marwan.

»Die Bitte ist ausgesandt worden, und sie kam mit dem Vermerk zurück: ›Wende dich an Marwan‹«, erwiderte der Bettler.

»Hier«, sprach der Kalif, »steht endlich ein Mann, der begreift, daß alles seinen Kanal haben muß. Es wäre gut, wenn ihr alle, die ihr hier zugegen seid, dies auch erkennen würdet.«

Der Bettler wurde belohnt.

Auf Schwarz folgt keine Farbe.

Sprichwort

Einen Kuß per Boten übersenden.

Sprichwort

In Spanien

Im Westen trug der Omajjaden-Herrscher von Spanien den Titel eines Befehlshabers mit der gleichen Prachtentfaltung wie jener der Gläubigen.

Zu Ehren seiner Favoritin ließ der dritte und größte der Abdar-Rahmans (er starb 961) drei Meilen von Córdoba den Stadt-Palast und die Gärten von Medîna-as-Zâhra errichten.

Fünfundzwanzig Jahre und annähernd drei Millionen Sterlinge sind von dem Erbauer dafür aufgewandt worden. Seine Großzügigkeit und sein feinsinniger Geschmack lockten Künstler von Konstantinopel, die begabtesten Bildhauer und Architekten jener Tage an; die Bauwerke sind mit tausendzweihundert Säulen aus spanischem, afrikanischem, griechischem und italienischem Marmor geschmückt worden.

Die Audienzhalle war mit Gold und Perlen ausgelegt, und in der Mitte des Saales befand sich ein Wasserbecken, das von wunderlichen und kostbaren Skulpturen umgeben war, die Vögel und Vierfüßler darstellten.

In einem der stattlichen Gartenpavillons war eines der Wasserbecken und Brunnen, die in diesem schwülen Klima so wohltuend sind, nicht mit Wasser, sondern mit reinstem Quecksilber angefüllt.

Der Harem Abd-ar-Rahmans – seine Frauen, Konkubinen und schwarzen Eunuchen – zählte sechstausend Personen; wenn er ins Feld zog, wurde er auf zwölftausend Pferden von einer Garde begleitet, deren Gürtel und Säbel mit Gold besetzt waren.

Du machst mich zum Sünder, wenn du mich daran hinderst, dir Gastfreundschaft zu erweisen.

Sprichwort

Bagdad

Mekka gehörte zum Erbgut des Haschemiten-Geschlechtes (750–960 n. Chr.); die Abbasiden waren jedoch nie bereit, sich weder am Geburtsort (Mekka) noch in der Stadt (Medina) des Propheten niederzulassen. Damaskus war aufgrund der Omajjaden in Ungnade gefallen und durch deren Geblüt verunreinigt. Nach einigem Zögern legte Al-Mansur, der Bruder und Nachfolger Saffahs, den Grundstein zu Bagdad, dem kaiserlichen Wohnsitz seiner Nachkommen, deren Regentschaft mehr als fünfhundert Jahre dauern sollte.

Der von ihm ausgesuchte Ort liegt am östlichen Ufer des Tigris, ungefähr fünfundzwanzig Kilometer oberhalb der Ruinen von Modain.

Die doppelte Mauer war kreisförmig; die Hauptstadt, die inzwischen zu einer Provinzstadt geworden ist, nahm eine derartige Entwicklung, daß dem Begräbnis eines beliebten Heiligen wohl an die achthunderttausend Männer und sechzigtausend Frauen aus Bagdad und den angrenzenden Dörfern beiwohnten.

In dieser Stadt des Friedens, inmitten der Reichtümer des Ostens, mißachteten die Abbasiden alsbald die Mäßigkeit und Genügsamkeit der ersten Kalifen; es verlangte sie danach, mit der Pracht der persischen Könige zu wetteifern.

Nach den von ihm geführten Kriegen und errichteten Bauwerken hinterließ Al-Mansur dreißig Millionen Sterlinge in Gold und Silber; dieser Schatz war binnen weniger Jahre durch die Tugenden und Untugenden seiner Kinder aufgebraucht. Sein Sohn Mahdi verbrauchte auf einer einzigen Pilgerfahrt nach Mekka sechs Millionen Golddenare. Das Errichtenlassen von Zisternen und Karawansereien entlang einer neunhundertsechzig Kilometer langen Straße mag durch fromme und wohlgemeinte Gründe seine Rechtfertigung finden; aber sein mit Schnee beladener Zug von Kamelen konnte lediglich dazu dienen, die arabischen Eingeborenen zu erstaunen und die Früchte und Getränke der königlichen Tafel zu kühlen.

Die Höflinge wußten sicherlich die Großzügigkeit seines Enkels Al-Mamun zu preisen, der vier Fünftel der Einkünfte einer Provinz, eine Summe von zwei Millionen vierhunderttausend Golddenaren, ausgab, noch ehe er den Fuß vom Steigbügel nahm. Anläßlich der Hochzeitsfeierlichkeiten dieses Prinzen ergoß sich ein Regen von tausend riesigen Perlen über das Haupt der Braut; ein Glücksspiel um Länder und Häuser offenbarte die unberechenbare Großmut des Glücks.

Mit dem Zerfall des Reiches nahmen der Glanz und die Pracht des Hofes eher noch zu, und ein griechischer Botschafter mochte die Herrlichkeit des Muqtadir bewundern oder bemitleiden.

»Die gesamte Armee des Kalifs«, berichtet der Historiker Abu'l-Feda, »Kavallerie und Infanterie, war bewaffnet und zählte hundertsechzigtausend Mann. Seine obersten Befehlshaber, die bevorzugten Sklaven, standen ihm prächtig gekleidet, mit Gold und Edelsteinen besetzten glänzenden Gürteln zur Seite. In deren Nähe befanden sich siebentausend Eunuchen, viertausend Weiße, die restlichen Schwarze. Des weiteren gab es siebenhundert Pförtner und Torwächter. Auf dem Tigris schwammen äußerst opulent ausgestattete Barken und Boote. Der Palast selber war nicht weniger prächtig: er war mit achtunddreißigtausend Wandteppichen geschmückt, von denen zwölftausendfünfhundert aus goldbestickter Seide bestanden. Man zählte zweiundzwanzigtausend Teppiche, und es war von hundert Löwen mit je einem Wärter die Rede.

Zu den übrigen Schaustücken von seltenster und erstaunlichster Pracht gehörte ein Baum mit achtzehn großen Ästen; auf letzteren sowie auf kleineren Zweigen saßen die verschiedensten Vögel, die aus demselben kostbaren Material verfertigt waren wie die Blätter des Baumes. Indem eine Apparatur das Ganze in Bewegung hielt, trillerten die einzelnen Vögel die ihrer Art eigene Melodie.

Durch diesen Schauplatz der Herrlichkeit ist der griechische Botschafter vom Wesir zum Thron des Kalifen geführt worden.«

Was singe ich, und was singt mein Tamburin?
Sprichwort

Nimm den direkten Weg, auch wenn er lang ist: heirate keine Witwe, auch wenn sie eine Huri ist.
Sprichwort

Der Kommandant der Gläubigen

Dieser Auszug entstammt der Schrift *Esoterische Forschung* (Tahqiq-i-Batini); sie wird als Einschiebung betrachtet, da sie sich in der Mitte einer ernsthaften Diskussion über esoterische Angelegenheiten findet. Angeblich von Sir-Dan (Wisser um die Geheimnisse) Daud Waraqi geschrieben, wird das aus dem 18. Jahrhundert stammende Manuskript mit der Bemerkung eingeleitet, daß die »namentliche Nennung der Autorschaft eine Besudelung sein kann« – aus diesem Grunde bleibt die Schrift anonym.

Ein gewisser Kalif, der mit einer seiner Überlegungen an einem einfachen Menschen die Probe aufs Exempel machen wollte, befahl seiner Wache, in die Wüste zu reiten und ihm einen Beduinen mitzubringen. Sie umzingelten den erstbesten Beduinen, der ihnen begegnete – und dieser war ausgerechnet ein Sufi. »Der Kommandant der Gläubigen wünscht dich zu sehen«, sprach der Hauptmann der Truppe. »Wer sind die Gläubigen; wie kommen sie dazu, einen Kommandanten zu haben?« fragte er. Die Soldaten folgerten, daß es sich hier tatsächlich um einen naiven, einfachen Menschen handeln müsse, und führten ihn vor den Kalifen.

»Es wurde mir berichtet«, sprach der Herrscher, »daß Beduinen so ungebildet seien, daß sie nicht einmal die einfachsten Dinge wüßten.«

»Wer hat dir das gesagt?«

»Ich vernahm dies während eines Gesprächs mit meinen klugen Ratgebern.«

»Wenn es sich bloß um den Verstand handelt, so ist die Sache recht einfach. Frag mich irgend etwas.«

Der Kalif bestellte eine Schüssel Hafergrütze. Der Araber schnupperte daran und begann zu essen.

»Was ist das?« fragte der Kalif.

»Etwas, das getrost gegessen werden kann«, erwiderte der Beduine.

»Ja, aber wie heißt es?«

»Indem ich die Denkmethoden strenger Logik walten lasse und auf das mir zur Verfügung stehende Wissen anwende, komme ich zu der Schlußfolgerung, daß dies Granatäpfel sind.«

Die versammelten Gelehrten, die dem Kalifen versichert hatten, daß die Beduinen Narren seien, brachen in schallendes Gelächter aus.

»Und wie kommst du zu dieser Schlußfolgerung?«

»Mit denselben Methoden, die deine Gelehrten anwenden. Ich habe gehört, daß die Begriffe ›Datteln und Granatäpfel‹ dazu verwendet werden, schmackhafte Speisen zu beschreiben. Nun, die Datteln sind mir bekannt, ich ernähre mich davon. Dies hier sind keine Datteln. Somit müssen es Granatäpfel sein.«

Die Marzipankugel

Eines Tages unterhielt sich Kalif Harun al-Raschid mit seinem Lehrer. Er sagte zu ihm: »Lehrer, du weißt, ich bin ein ›Sucher‹. Ich besitze alle Güter dieser Welt und all jene Dinge, nach denen die meisten Menschen streben. Ich sollte daher in der Lage sein, viel zu lernen, da ich von den mannigfaltigen Aufgaben, von denen die meisten Menschen in Anspruch genommen sind, befreit bin.«

Der Lehrer sprach: »Alles muß eine Grundlage haben. Du verfügst über die Grundlagen zur Macht, zur Befehlsgewalt über Menschen und zu persönlicher Gunstbezeigung. Aber falls es an den wichtigsten Grundlagen mangelt, so ist dem Menschen nicht nur das Bauen versagt – er ist, so wie du, sehr oft sogar der Meinung, daß er diese Grundlage bereits besitze.«

»Dann bringe mir die Grundlage bei«, erwiderte der Kalif.

»Zuerst will ich dich die Notwendigkeit lehren, die Grundlage gründlich zu verstehen, ansonsten wirst du die Basis von jenen, die wissen, nicht annehmen«, sprach der Weise.

Er lehnte es ab, mehr darüber zu sagen, da solche Dinge, wie er sie in Aussicht stellte, nur dann gelehrt werden können, wenn sich eine Gelegenheit zu deren Veranschaulichung bietet.

Es dauerte einige Jahre, bis sich die gewünschte Gelegenheit bot.

Der Kalif und der Weise saßen beim Nachtmahl, und Harun sprach: »Süße Marzipanspeisen wie diese hier scheinen mir ein vorzügliches Beispiel dafür zu sein, wie die vom Menschen gemachten Entdeckungen – falls es sich dabei um gute handelt – sich über die ganze Welt verbreiten und allen zugute kommen.«

»O Kalif«, sprach der Weise, »seit der Erfindung des Marzipans sind schon Tausende von Jahren verflossen. Aber noch sind nicht alle Menschen von der Vorzüglichkeit des Marzipans überzeugt. Und zudem gibt es noch viele, die noch nicht einmal davon gehört haben.«

Der Kalif, verärgert darüber, daß er so unmittelbar herausgefordert wurde, erwiderte seinem Lehrer: »Ich gewähre dir einen Tag, um diese unverantwortliche Äußerung zu rechtfertigen. Suche jemanden, der Marzipan nicht kennt, und bringe ihn bis morgen abend hierher – andernfalls werde ich dich aus meiner Gesellschaft ausschließen.«

»Das werde ich tun«, sagte der Weise, »und zwar deshalb, weil dies eine Gelegenheit zur Veranschaulichung bietet – nicht aufgrund deiner Drohung.«

Am nächsten Morgen durchstreifte er die Straßen von Bagdad, bis er auf einen einfach gekleideten, wie in Betäubung umherirrenden Bauern traf, der in seiner Hand ein Stück Brot hielt.

Der Weise sprach zu ihm: »Wohin gehst du, und woher kommst du?«

»Vorsicht!« antwortete der Mann, »ich habe von Menschen, wie du einer bist, gehört – von solchen, die mir mein Brot stehlen wollen.«

»Im Gegenteil«, erwiderte der Weise, »ich möchte dich mit etwas Köstlichem bekannt machen, mit etwas, das viel besser als Brot schmeckt.«

»Warum willst du dies tun?« fragte der Bauer.

»Um dir mehr Wissen zu vermitteln, und um einem anderen zu helfen«, antwortete der Weise.

Nach langem Überreden wurde der Bauer an den Hof geführt. Als er die Wachen in ihren prächtigen Kleidern, die Wesire und die Marmorbrunnen erblickte, fiel er auf die Knie und schrie: »Es kann sich hier nur um einen Zeitpunkt und um einen Ort handeln! Heute ist der Tag der Auferstehung, und dies ist der Gerichtssaal des allmächtigen Gottes!«

»Du beurteilst alles, so gut du kannst, aber es ist falsch«, sprach der Weise.

Als sie sich zu seiten des Kalifen niedergelassen hatten, erklärte der Weise, daß er einen Mann mitgebracht habe, dem Marzipankugeln unbekannt seien.

»Wir werden ihn prüfen«, sprach der Kalif. Indem er sich dem Bauern zuwandte, fragte er: »Was hast du in der Hand?«

»Nahrung«, erwiderte der Bauer.

Der Kalif gab ein Zeichen, und mehrere Marzipankugeln wurden gebracht.

»Was ist das?« fragte er.

»Etwas, das man essen kann.«

»Unser Dorfweiser«, sprach der Bauer, »erzählt immer vom nährenden Wesen von ›Datteln, Wasser und Erfahrung‹. Ich habe Datteln und Wasser gesehen, so muß es sich hier wohl um Erfahrung handeln.«

Der Weise erhob sich.

»O Kalif! Dieser Mann bringt die Grundlage der Weisheit seines Dorfes zur Anwendung, um jene Dinge zu erklären, die er ohne ausführliche Erklärungen und Erfahrung nicht verstehen kann. Er benötigt kein Marzipan. Falls dem so wäre, so müßten wir ihm mehr Auskünfte, mehr Grundlagen zu dessen Verständnis geben.

Gleichermaßen liebt der anspruchsvolle Mensch jene Dinge – sogar die Erwartung in bezug auf Dinge –, die sich aus Grundlagen entwickelt haben, die in seiner Umgebung fehlen oder unbemerkt bleiben.«

Ahmad Husein und der Kaiser

Eines Tages ging Kaiser Mahmud von Ghazna mit dem Weisen Ahmad Husein spazieren. Ahmad war bekannt für seine Fähigkeit, Gedanken lesen zu können, und der Kaiser hatte versucht, ihn zu einem Beweis seiner Kräfte zu bewegen.

Ahmad hatte abgelehnt; Mahmud beschloß deshalb, ihn mit einem Trick zur Anwendung seiner besonderen Fähigkeiten zu verführen.

»Ahmad«, sprach er.
»Ja?«
»Was denkst du, welchen Beruf übt jener Mann dort aus?«
»Er ist ein Waldarbeiter.«
»Wie lautet wohl sein Name?«
»Er heißt Ahmad, wie ich.«
»Ich möchte wissen, ob er kürzlich etwas gegessen hat.«
»Ja, etwas Süßes.«
Sie riefen den Mann herbei und fanden all dies bestätigt.

»Nun«, sprach der Kaiser, »du hast es abgelehnt, deine Fähigkeiten unter Beweis zu stellen, und du verbirgst mit gutem Recht deine spirituellen Gaben. Hast du bemerkt, daß ich dich gezwungen habe, deine Fähigkeiten anzuwenden? Die Leute würden dich zum Heiligen erklären, wenn ich ihnen die Geschichte deiner ›Kunst‹ weitererzählen würde. Wie wäre es dir dann möglich, deine Sufi-Verkleidung – dein Vorgeben, ein gewöhnlicher Mann zu sein – weiterhin aufrechtzuerhalten?«

»Ich gestehe, daß ich Gedanken lesen kann«, erklärte Ahmad, »aber die Leute wissen nie, wann ich es tue. Meinem Wesen nach kann ich es nicht für leichtfertige Zwecke anwenden, daher bleibt mein Geheimnis unversehrt.«

»Aber du gibst zu, daß du soeben deine Kräfte angewandt hast?«

»Ganz und gar nicht.«

»Wie konntest du dann auf meine Fragen richtig antworten?«

»Nichts leichter als das. Als du meinen Namen nanntest, drehte er den Kopf, somit bemerkte ich, daß er denselben Namen hat. Ich folgerte, daß er ein Waldarbeiter sei, weil er in diesem Wald nur nach Bäumen Ausschau hält, die sich für Zimmermannsarbeiten eignen. Er muß vor kurzem etwas Süßes gegessen haben, weil er immer wieder Bienen verscheucht, die es auf seinen Mund abgesehen haben.«

Der König, der Sufi und der Wundarzt

Diese Geschichte, die sich in übersetzter Form sowohl in den Türkischen Erzählungen als auch in der von Mönchen zusammengestellten Gesta Romanorum findet, unterstreicht den Gedanken, wonach die Äußerungen des Derwischs Abdal oft lebenswichtige Ratschläge darstellen, denen auch außerhalb ihrer Zeit Gültigkeit innewohnt.

In alten Zeiten unternahm einst ein Tatarenkönig mit seinen Edelleuten einen Spaziergang. Am Straßenrand stand ein Abdal (ein umherziehender Sufi, ein ›Veränderter‹), der rief: »Wer immer mir einhundert Denare schenkt, dem werde ich gute Ratschläge erteilen!«

Der König blieb stehen und sprach: »Abdal, wie lautet dieser gute Ratschlag für einhundert Denare?«

»Mein Herr«, antwortete Abdal, »beordere die Summe, die mir zukommt, und ich werde ihn dir sofort verraten.«

Der König ließ ihm die Summe überreichen und erwartete, etwas Außergewöhnliches zu vernehmen.

Der Derwisch sprach zu ihm: »Mein Ratschlag lautet wie folgt: Beginne nie etwas, ohne dir vorher überlegt zu haben, was es für ein Ende nehmen könnte.«

Als sie diesen Ratschlag vernahmen, brachen die Edelleute und alle anderen Begleiter in Gelächter aus. Sie meinten, daß Abdal gut daran getan hätte, sein Geld im voraus zu fordern. Der König aber sprach: »Ihr habt keinen Grund, über den guten Rat zu lachen, den mir Abdal erteilt hat. Niemandem ist die Tatsache bewußt, daß wir, ehe wir irgend etwas unternehmen, gut darüber nachdenken sollten. Wir machen uns täglich des

Nichterinnerns schuldig; die Folgen sind schlimm. Ich schätze den Ratschlag des Derwischs sehr.«

Er beschloß, den Ratschlag stets im Gedächtnis zu behalten, und er veranlaßte, daß die Worte in Gold auf die Wände geschrieben und auch auf seinem Silbergeschirr eingraviert werden sollten.

Kurz danach wollte ein Verschwörer den König töten. Er bestach den königlichen Wundarzt mit dem Versprechen, ihn zum ersten Minister zu machen, falls er dem König eine vergiftete Nadel in den Arm stoßen würde. Als die Zeit kam, wo man den König zu Ader lassen mußte, wurde eine Silberschale bereitgestellt, um das Blut aufzufangen. Plötzlich wurde sich der Wundarzt der eingravierten Worte auf der Schale gewahr: »Beginne nie etwas, ohne dir vorher überlegt zu haben, was es für ein Ende nehmen könnte.« Erst dann ging ihm auf, daß der Verschwörer, falls er König wurde, ihn sofort töten lassen könnte und sein Versprechen nicht zu erfüllen brauchte.

Als der König bemerkte, wie der Wundarzt zitterte, fragte er ihn, was geschehen sei. Und der Wundarzt gestand die volle Wahrheit.

Der Verschwörer wurde festgenommen; der König ließ alle Leute zusammenrufen, die zugegen gewesen waren, als Abdal seinen Ratschlag erteilt hatte. Er sprach zu ihnen: »Lacht ihr noch immer über den Derwisch?«

Die Kraft Allahs hat keinen Ton, keine Gestalt, keine Form. Wenn sie sich aber zeigt, kann sich keiner widersetzen.
Sprichwort

Gewiß, dein Haar kannst du färben – was aber kannst du für dein Gesicht tun?
Sprichwort

Ehrensache

Ein umherziehender Sufi, den man in der Wüste auffand, ist in das Zelt eines Beduinen-Oberhauptes gebracht worden.

»Du bist ein Späher unserer Feinde, und daher werden wir dich töten«, sprach das Oberhaupt.

»Ich bin unschuldig«, erwiderte der Sufi.

»Siehst du dieses Schwert?« fragte der Sufi, indem er die Waffe zückte. »Ehe du dich mir näherst, werde ich einen deiner Männer hier töten. Wenn ich dies getan habe, wirst du ein wohlbegründetes Recht haben, seinen Tod zu rächen. Indem ich mich so verhalte, werde ich deine Ehre retten, die im Augenblick sehr gefährdet ist, durch das Blut eines harmlosen Sufis besudelt zu werden.«

Du nennst mich einen Ungläubigen. Ich werde dich daher als wahrhaft Gläubigen bezeichnen – denn einer Lüge wird am besten mit denselben Waffen begegnet.
Sprichwort

Ein gestohlener Kuß kann nicht leicht zurückgegeben werden.
Sprichwort

Der Puls der Prinzessin

Obwohl diese Erzählung – oder zumindest ein Teil derselben – »eine der ersten Aufzeichnungen zu der von Derwischen praktizierten psychologischen Diagnostik und Psychotherapie« genannt worden ist und dem Kalifen Jafar Sadiq (gestorben 765), Lehrer von Jabir und Nachkomme des Propheten, zugeschrieben wird, erscheint sie in den Schriften Rumis und ist ebenso als mündliche Überlieferung erhalten.

Im mittelalterlichen Europa muß sie indes gut bekannt gewesen sein, erscheinen ihre Grundzüge doch in dem Hauptwerk klösterlicher Erzählungen, wo sie den frommen christlichen Standpunkt vertritt: »Die Taufe wird durch das Weib versinnbildlicht« (Gesta Romanorum, Vol. I, übers. C. Swan, 1829, Erz. 40, S. 145).

Sultan Sanjar war von einem Besuch des Grabmals von Bahaudin zu Buchara zurückgekehrt, und seit diesem Zeitpunkt war er stets traurig. Einige Leute brachten diesen Besuch und die Rückkehr als Ursache und Wirkung in Verbindung, andere wiederum glaubten, daß die Trauer des Königs auf der mysteriösen Krankheit seiner Tochter beruhe.

Prinzessin Banu schwand dahin. Es schien, als ob ihr seltsames Leiden Tag für Tag mehr Gewalt über sie bekäme. Alle herbeigerufenen Ärzte waren ratlos.

Dann kam eines Tages ein Fremder in der Hauptstadt des Landes an. Er trug ein grünes Gewand, ging gebeugt und nannte sich Shadrach, der Arzt. Er anerbot sich, die Prinzessin zu heilen. Der König erlaubte ihm, seine Tochter zu sehen, drohte ihm aber, ihn köpfen zu lassen, falls er sie nicht heilen könne.

Umgeben von einer interessierten Zuhörerschaft, näherte sich der Arzt dem Lager der blassen und geschwächten Prinzessin. Anstatt sie zu untersuchen oder ihr irgendwelche Arzneien zu verabreichen, wie man es von ihm erwartete, begann der grüngewandete Mann der Prinzessin Märchen zu erzählen.

Die Geschichten handelten von weitentfernten Ländern, von Kriegen und Helden, von Frieden und Ruhm. Während er ihr erzählte, fühlten die Finger des Arztes den Puls der Prinzessin.

Endlich war die Diagnose gestellt. Die Prinzessin zog sich zurück und Shadrach wandte sich an den König. »Majestät, ich habe anhand des Pulses festgestellt, daß Ihre Tochter verliebt ist – und daß sie in jemanden verliebt ist, der sich in Buchara befindet, wo er in der Straße der Juweliere lebt. Und schließlich habe ich festgestellt, daß es sich von allen, die dort wohnen, um keinen anderen als um Abul Fazl – einen jungen hübschen Mann – handeln kann, den ich ihr beschrieben habe. Beim Nennen seines Namens erblaßte sie. Ich kenne jedermann in Buchara – und an vielen anderen Orten auch; auf diese Weise entdeckte ich die Ursache ihres Leidens.«

Der König staunte über die Geschicklichkeit dieses Arztes. Er fühlte sich zudem erleichtert, daß die Ursache der Krankheit entdeckt worden war – und er war äußerst zornig, weil seine Tochter Abul Fazl liebte, der als gemeiner Schuft bekannt war.

Trotzdem wurde nach diesem Juwelier geschickt. Bald nach seiner Ankunft begann sich die Prinzessin zu erholen. Innerhalb weniger Tage war sie wieder völlig gesund; der Juwelier spielte sich allerorten als Herr auf, und zur Belohnung wurde Shadrach, der Arzt, zum Großwesir ernannt.

Dem König und dem Arzt war klar, daß sich dieser unausstehliche junge Mann nicht für die Prinzessin eignete. Sie wußten aber auch, daß sie ihn weder fortschicken noch anderweitig loswerden durften, ohne das Unglück der Prinzessin wieder heraufzubeschwören.

Shadrach wußte um eine Lösung. Er veranlaßte, daß Abul Fazl von einem Arzt behandelt wurde, der ihn täglich vorzeitig altern ließ – so, als ob er zwanzig Jahre älter geworden wäre. Innerhalb kurzer Zeit begannen der Prinzessin sein gebeugter Rücken und seine grauen Haare widerwärtig zu werden.

Gleichzeitig unterzog sich Shadrach der Behandlung eines anderen Arztes. Anstatt wie der Juwelier immer älter und älter zu werden, wurde Shadrach dadurch immer jünger und jünger.

Nicht lange danach verliebte sich die Prinzessin in den jungen Arzt. Als Abul Fazl vom Hof verjagt wurde, nahm Prinzessin Banu kaum Notiz davon.

Die Prinzessin, der Arzt und der Sultan lebten hinfort glücklich und zufrieden. Auf solche Weise können sich gelegentlich die Dinge entgegengesetzt ihrer Wahrscheinlichkeit entwickeln: je nachdem, welche Einflüsse zur Wirkung gebracht werden.

Maulana, der Derwisch

Maulana, der Derwisch, Oberhaupt des Naqshbandi-Ordens, und einer seiner bedeutendsten Lehrer saßen eines Tages in seinem Zelt zusammen, als sich ein wütender Geistlicher Zutritt verschaffte.

»Ihr sitzt hier, ihr Hunde«, schrie der Eindringling, »umringt von Jüngern, die euch in allen Einzelheiten Folge leisten! Ich hingegen rufe die Menschen dazu auf, mittels Gebet und Enthaltsamkeit um göttliche Gnade zu ringen, wie es uns auferlegt worden ist.«

Beim Wort »Hund« erhoben sich einige »Sucher«, um den Fanatiker hinauszuwerfen.

»Bleib stehen«, sprach Maulana, »denn ›Hund‹ ist wirklich ein gutes Wort. Ich bin ein Hund, der seinem Meister gehorcht – einer, der den Schafen mittels Zeichen die Wünsche unseres Meisters zu erkennen gibt. Wie ein Hund stürze ich mich auf den Eindringling und den Dieb. Und ich wedle freudig mit dem Schwanz, wenn sich Freunde meines Meisters nähern.

So wie Bellen, Wedeln und Anhänglichkeit zu den Eigenschaften des Hundes gehören, so gehören sie auch zu uns: denn wir sind der Besitz unseres Meisters, und dieser hat es nicht nötig, selber zu bellen und mit dem Schwanz zu wedeln.«

Die Strenge eines Lehrers ist besser als die vermeintliche Milde der Eltern.

Sprichwort

Schlag einen Stein und versuch, ihn zu verletzen.

Sprichwort

Selbstbetrug

Solange du Fragen stellst, von denen du glaubst, daß sie für dich beantwortet werden sollten – ohne meine Zusicherung zu beachten, daß du gewisse andere Ratschläge nötiger hättest –, so lange werde ich dir nicht helfen können, und so lange wirst du glauben, daß ich dir nicht von Nutzen sei.

Du aber, der du die von dir benötigten Ratschläge nicht kennst, wirst unvermeidlich daraus schließen, daß es einen anderen Grund für unsere Disharmonie geben müsse. Du denkst dir eine Ursache dafür aus – und deine Selbstachtung läßt sie für dich »wahr« werden.

(Scheich Mir Khan)

Leben: Gelegentlich der Mensch auf dem Sattel – zuweilen der Sattel auf dem Menschen.
Sprichwort

Es wird ein Ende nehmen, was immer es auch sei.
Sprichwort

Das Kamel und das Zelt

Diese Geschichte ist vom Sufi Scheich Abdul-Aziz aus Mekka überliefert worden, der im 7. Jahrhundert gestorben ist. Es heißt, daß er von Mohammed, dessen Begleiter er war, das »Elixier des Lebens« erhalten habe, und daß er – genährt durch diesen magischen Trank – in gewisser Weise immer noch am Leben sei.

Anderen Darstellungen zufolge soll es sich bei dem »Trank« in der Tat um eine Übung handeln, die »den Atem einschließen« genannt wird. Diese Übung, die, für jene, die damit nicht umzugehen wissen, gefährlich ist, ermöglicht es, den Körper in einen Zustand des Scheintodes zu versetzen. Diese Technik ist von den Nachfolgern verschiedener Sufi-Orden angewandt worden, obgleich Abdul-Aziz ein Mitglied des Qalandari-Ordens (den er nach der Meinung einiger Leute gegründet haben soll) und des Chishti-Ordens gewesen war.

Ein Beduine, der sich auf einem langen Marsch durch die Wüste befand, schlug sein kleines schwarzes Zelt auf und legte sich schlafen. Als es in der Nacht kälter wurde, weckte ihn sein Kamel mit einem sanften Rippenstoß auf. »Meister, es ist kalt. Darf ich meine Nase in das Zelt stecken, um sie zu wärmen?« Der Beduine willigte ein und legte sich erneut zur Ruhe. Es war kaum eine Stunde vergangen, als das Kamel es noch kälter hatte. »Meister, es ist viel kälter. Kann ich meinen Kopf in dein Zelt stecken?«

Zuerst wurde ihm erlaubt, seinen Kopf im Zelt zu wärmen, dann wurde ihm dies auch für seinen Hals zugebilligt. Schlußendlich drängte das Kamel, ohne zu fragen, seinen ganzen Umfang unter das Zeltdach. Als sich der Beduine erneut zur Ruhe niedergelassen hatte, lag er völlig unbedeckt neben dem Kamel. Das Kamel hatte das Zelt zusammengerissen, und letzteres hing nun in völligem Durcheinander über seinem Höcker. »Wo ist bloß das Zelt geblieben?« wunderte sich das verwirrte Kamel.

Der Fluch

Ein Mann, der vorgab, ein Sufi zu sein, brachte Weizen in eine Mühle, um daraus Mehl mahlen zu lassen.

»Mahle den Weizen jetzt, und beeile dich!« befahl er, denn Scharlatane dieser Art versuchen immer, die Leute für sich arbeiten zu lassen.

»Ich habe keine Zeit«, antwortete der Müller.

»Wenn du nicht tust, was ich dir sage«, drohte der Schurke, »werde ich deine Mühle verfluchen.«

»Ich möchte sehen, wie du das machst«, erwiderte der Müller, selber ein echter Sufi, »denn wenn du die Dinge mittels solcher Methoden erreichen könntest, wärest du nicht hier, und du würdest mich nicht zum Mahlen deines Weizens zu bewegen suchen.«

Seichtes Glück: Wenn ein Mensch seinen Esel verloren hat und er ihn wiederfindet.

Sprichwort

Mein Bein lahmt nicht – Allahs Erde ist nicht klein.

Sprichwort

Angenehm und unangenehm

Die Menschen sagen, daß sie helfen wollen, wenn sie unsere Aufmerksamkeit wünschen.

Sie sagen, daß sie zuhören wollen, wenn sie gehört werden wollen.

Wir wissen dies aufgrund dessen, was du sprichst, wie du blickst; durch das, was wir fühlen können.

Alle anderen würden dies auch verspüren, wenn sie nicht gleichfalls so selbstbezogen und an dir so uninteressiert wären.

Vor allem mußt du zuerst bei dir selbst herausfinden, ob und warum du lernen willst.

Wenn du dich irgendwohin begibst, um etwas einzukaufen, mußt du zuerst das Geld verdienen und eine gewisse Vorstellung dessen haben, was du benötigst.

Falls du bloß unnütze Wünsche hast und deine Bedürfnisse nicht kennst, so hast du einen langen Weg zu gehen.

Falls dich unser Verhalten ablenkt, so wärest du nie fähig gewesen – wie auch immer –, mit uns Schritt zu halten.

Falls dies unangenehm tönt, heißt das noch lange nicht, daß dem so ist. Wenn wir deiner Ansicht nach unangenehm sind, so ist es, als ob du dir selbst einen Spiegel vorhalten und dabei sagen würdest: »Schau sie dir an!«

(Salahudin Afranji)

Weil Zucker kein Arsen ist, sind viele Gräber voll.

Sprichwort

Khwaja Ahrar

Die Wunder des Meisters Ahrar waren bereits so alltäglich, daß einige Leute sagten: »Erwartest du etwas anderes? Er ist ein ›Veränderter‹ – solche Dinge sind ein Nichts für ihn. Heilen, Leben verlängern, alles wissen, gleichzeitig an zwei verschiedenen Orten sein: diese Dinge sind Zeichen der Heiligkeit.«

Jene aber, welche über die Wunder erfreut waren, jene, welche Vergnügen daran gefunden hatten, fühlten sich dabei beglückt und selbstgefällig. Sie verlangten nach immer mehr Wunder.

Einer von diesen, Rustem Kashgari, sprach: »Meister des großen Werkes! Der Allerhöchste hat in der Tat dem Orden (Tariqa) eine großmütige Gabe verliehen, auf daß wir daraus sowohl Nutzen ziehen als auch deinen himmlischen Auftrag bestätigt finden: damit können wir in sicherem Glauben unseren Weg gehen.«

Khwaja erwiderte: »Freund, dies ist kein Glaube. Ich versichere dir, daß es auf dieser Welt zu jeder Zeit mindestens vierzigtausend himmlische Besucher in Menschengestalt gibt. Jeder von ihnen mag dir bloß als gewöhnlicher Mensch erscheinen. Jeder schafft jedoch unbekannte Wunder, die jeden Tag geschehen. Denn diese Wunder verfolgen eine Absicht; sie sind nicht dazu bestimmt, die Augen der Menschen zu ergötzen. Diese Verborgenen sind im allgemeinen unbekannt und bleiben somit zumeist ungepriesen. Gelegentlich werden sie sogar gemieden.

Selbst wenn es sich um solche handelt, die über geistige Eigenschaften sprechen, so können sie jener Gruppe angehören, der das öffentliche Vollbringen augenscheinlicher Wunder untersagt ist, damit sie nicht der sensationslüsternen Selbstgefälligkeit des Pöbels Genüge leisten.

Der Mensch, der sich dadurch ändert, daß er Zeuge eines Wunders ist, kommt auf dem Pfad nicht einmal einem demütigen Hund gleich. Er verdankt seine Überzeugung bloß einer Form der Erregung, welche die Leute zu Unrecht als Glauben bezeichnen. Wenn du aufrichtig bist, wirst du das Wesen der wahren Menschen unmittelbar und augenblicklich wahrnehmen; nicht durch Wunder und Erzählungen von Wundern. Falls du diese Essenz zu spüren vermagst, dieses Juwel, von dem die anderen glauben, daß es sich um einen gewöhnlichen Menschen – oder um den Meister – handle, dann bezeichne dich selbst als Wanderer auf dem Pfad.«

(Ahrar-Nama)

Saadi: Über die Mißgunst

Wie immer du es versuchst, die kritischen Mäuler kannst du nicht zum Verstummen bringen. Wenn ein Mensch die Stille bevorzugt und nicht die Gemeinschaft anderer sucht, greifen sie ihn mit der Behauptung an, daß ein solcher Mensch wie ein Dämon flüchte.

Wenn er lacht, können sie es nicht glauben, daß er vollkommen nüchtern sei.

Der Reiche kann sich vor ihnen nicht verbergen, denn er wird von ihnen als »weltlicher Pharao« bezeichnet.

Befindet sich ein Derwisch in Schwierigkeiten, dann behaupten sie, daß er dies seiner Bösartigkeit und dem eigenen Unheil zu verdanken habe.

Hat ein Wohlhabender Verdruß, so erachten sie dies als eine Gnade und als Zeichen für das Eingreifen Gottes.

Sie fragen: »Wie lange hat Hervorragendes Bestand? Folgt auf das Glück nicht stets Unglück?«

Und wenn sie sehen, daß ein armer Mensch zu Erfolg und Glück gelangt, dann knirschen sie neidvoll mit den Zähnen und nörgeln: »Die Welt belohnt stets die Nutzlosen!«

Wenn du alle Hände voll zu tun hast, bist du »gierig«; kaum aber hörst du mit arbeiten auf, bist du ein »wahrer Bettler«.

Wenn du sprichst, bist du eine »Plaudertasche«. Bleibst du schweigsam, so bist du »nicht mehr als ein Bild an der Wand«.

Der Geduldige ist für sie kein Mensch, denn »der arme Kerl kann vor Furcht seinen Kopf nicht aufrichten«. Aber laß sie einem tapferen und mutigen Menschen begegnen, sie werden sich vor ihm drücken und klagen: »Was für ein Verrückter ist das?«

Ein Mensch, der sehr wenig ißt, ist für sie ein Geizhals, der seine Nahrung hamstert. Sind seine Speisen köstlich und fein, dann bedeutet dies, daß er »ein Sklave seines Bauches und ein Anbeter des Fleisches« ist.

Handelt es sich aber um einen schlichten, einfach gekleideten, reichen Mann, so wetzen sie ihre Zungen, denn »dieser Verhaßte besitzt sicherlich genug Geld, doch mißgönnt er sogar sich selbst eine Ausgabe!«

Nun, laß den Reichen gute Kleider tragen und füge dem Ganzen einen angenehmen Landsitz bei:

Sie werden ihn verrückt erklären und behaupten, daß er zweifellos verweichlicht sei.

Wenn ein frommer Mann nie auf Reisen ging, werden ihn die Wandervögel unter den Mißgünstigen als einen Mann bezeichnen, »der sich keine Armlänge von seiner Gattin entfernt«. Wie könnte er auch über Wissen, Geschicklichkeit und Können verfügen?

Sie werden aber auch über den Reisenden herziehen:

Das Glück ist an ihm vorübergegangen, denn wenn es für ihn bestimmt gewesen wäre, hätte er nicht von Stadt zu Stadt ziehen müssen.

(Scheich Saadi von Schiras)

Meine Frage betrifft den Himmel, aber die Antwort betrifft ein Seil.

Sprichwort

Ein gelber Hund ist ein Bruder des Schakals.

Sprichwort

Hazrat Bahaudin Naqshband

Einer fragte:
»Was soll ich tun, damit mir geantwortet wird?«
El Shah antwortete:
»Du sollst jene meiden, die sich einbilden, das Seelenheil bringen zu können. Sie glauben sich erlöst oder meinen, daß sie die Mittel besäßen, andere zu erlösen. In Wirklichkeit sind sie alle verloren.

Es handelt sich dabei um jene Leute – wie heutige Magier, Juden und Christen –, die dramatische Geschichten vortragen; sie drohen und schmeicheln oft gleichzeitig mit denselben Ermahnungen und verkünden laut, daß du dich zu ihrem Glauben bekennen sollst.

Das Ergebnis davon ist Nachahmung und Sentimentalität. Jedem kann diese Art von Überzeugung gegeben werden, und bei jedem kann man das Gefühl hervorrufen, daß es sich um wahren Glauben handle.

Aber dies ist nicht der ursprüngliche Weg von Zoroaster, Mose oder Jesus; es ist ein von Verzweifelten entdecktes System, um damit zahlreiche Menschen in ihre Reihen einzubeziehen. Weit davon entfernt, errettet oder vollkommen zu sein, werden Schwärmer dieser Art in die Abgeschiedenheit eines eingeübten Bundes aufgenommen, der schließlich aufgelöst wird: wie eine Wolke, die für eine gewisse Zeit Substanz zu haben scheint, sich jedoch mit einem Windstoß in Nichts auflöst.

Aber laß dich auf keinen Meinungsstreit mit ihnen ein. Sie sind getäuscht worden, indem man sie dazu brachte, das Falsche für das Wahre zu halten – und dies, weil sie die leichte der härteren Prüfung vorzogen. Sie würden sogar einen Engel für den Teufel höchstpersönlich halten.

Es ist immer so mit den schwachen Erben der Wahrhaftigen. Genauso, wie faule Söhne, die vom Obstgarten leben, den ihr Vater errichtet hatte, und sich dabei als schlaue, rechtschaffene und rechtmäßige Besitzer erachten, bis die Sache – sich selbst überlassen – fehlzuschlagen beginnt.

Du wirst Antwort erhalten, falls du den Menschen suchst, der das einfache System des Predigens und Ausübens, so wie ich es umrissen habe, ablehnen wird: ein System, das sich bloß dazu eignet, Pferde abzurichten und deren Anhänglichkeit an eine Person zu bewirken – oder dazu, unwissende und hilflose Sklaven hervorzubringen.«

Das Gebet

Ein Mann suchte einen anderen auf, um ihn in einer Sache um Hilfe zu bitten. Der Besucher war erstaunt und geriet in Zorn, als der andere – angeblich ein frommer Mann – ihm wie folgt antwortete:

»Ich kann dir nicht helfen. Ich muß beten.«

Er verfluchte den Mann und berichtete später Bahaudin Naqshband von diesem Zwischenfall.

Bahaudin sagte:

»Wir haben hier das Beispiel eines Denkfehlers. Es darf angenommen werden, daß der Andächtige ein Heuchler war, heißt es doch: ›Das beste Gebet ist eine nützliche Tat‹.

Aber es bestehen hier zwei Möglichkeiten: jene des Heuchlers und jene des Weisen. Alles wird von den inneren Fähigkeiten und dem wahren Zustand des Andächtigen abhängen.

Falls der Andächtige begierig ist und ihm nur die eigene Erlösung etwas bedeutet, wird er jene Worte sprechen, die du mir berichtet hast.

Wenn – andererseits – der Andächtige erleuchtet ist und er weiß, daß sein Gebet nützlicher ist als jede Tat, die er vollbringen könnte, so wird er ebenfalls genau dieselben Worte sprechen, die du mir berichtet hast.

Nun, obgleich dieselben Worte gesprochen worden sind, mag der Bittsteller, der nicht weiß, daß eine Wortfolge zwei unterschiedliche Reihen von Ereignissen umfassen kann, die Angelegenheit sofort zugunsten des Andächtigen deuten.

Indem er so handelt, reagiert er entweder in Unwissenheit – wobei er mangels eines besseren Verstandes glaubt, daß er schlecht behandelt worden sei –, oder er mag alles mit einem nörglerischen Geist beurteilen, der meist zu so viel Oberflächlichkeit neigt, daß er eine Aussage als Angriff deutet.

In diesem Falle, wo es an unmittelbarer Wahrnehmung des wahren Sachverhaltes mangelte, ist es nicht möglich, festzustellen, ob der Andächtige den niedrigst- oder den höchstgesinnten Individuen angehörte: ob er sich in der Tat selbst vernichtete, indem er im Gebet verharrte und sich – anstatt zu helfen – auf seine eigene Gier konzentrierte, oder ob er, mit einer gewissen Einsicht begnadet, den Weg der Wahrheit verfolgte.

Es heißt, daß der Kritiker andere aufgrund seines eigenen Wesens beurteilt.

Falls der Bittsteller ein Erleuchteter gewesen wäre, hätte er die wahre Sachlage erkennen können. Dann hätte er dem Andächtigen gegenüber – falls dieser im Unrecht wäre – protestiert und ihm mittels eigener Einsicht geholfen. Wäre letzterer jedoch im Recht gewesen, so würde er sich ihm anders genähert haben.

Bei mir Zustimmung oder Erklärung zu suchen, ist nur dann hilfreich, wenn der Bittsteller einsehen kann, daß ihm nicht durch ein rechtsgültiges Urteil am besten gedient ist, sondern mit dem Erlernen, daß die beste Verhaltensweise darin besteht, sich selbst auf den Weg zu begeben, durch den man innere Erkenntnis erlangen kann.

Mißlingt dies, so muß er lernen, daß dieser Weg vorhanden ist. Diese Auskunft allein gewährt ihm eine Chance, irrationales Handeln zu vermeiden.«

(Naqsh-i-Naqshband)

Sei dem Wesen nach ein Derwisch – und trag dann eine modische Mütze.

Sprichwort

Nimm aus Güte eine Biene in die Hand und erfahre die Grenzen der Güte.

Sprichwort

Der Reiter in Eile

Es war einmal ein Mann, der hatte im Schlaf ein giftiges Tier verschluckt, das in seinem Hals steckengeblieben war.

Er erhob sich in einer Art Fieberwahn und begann zu husten und sich zu schütteln; er versuchte das Ungemach, das er nicht ganz begreifen konnte, loszuwerden.

In diesem Augenblick ritt ein Mann zu Pferd vorbei, der mit einem Blick erfaßte, was geschehen war.

Sofort erhob er die Peitsche und begann den Mann grün und blau zu schlagen, indem er gnadenlos Hieb um Hieb auf ihn niederprasseln ließ.

Das halbwahnsinnige Opfer versuchte ihm zuzurufen, daß er aufhören solle, aber er brachte kein Wort heraus. Wie immer er auch rannte, sich krümmte und sich auf dem Boden wälzte – er konnte dem ununterbrochenen Hagel erbarmungsloser Schläge nicht entrinnen.

Der Reiter sprach kein einziges Wort.

Schließlich rebellierte der Magen des Schmerzgepeinigten, und er spie das giftige Tier unter heftigem Brechreiz aus.

Das Tier fiel zu Boden und glitt davon.

Der Reiter gab seinem Pferd wortlos die Sporen und ritt von dannen.

Erst dann bemerkte der andere, daß das, was ihm in seinem Elend als ungerechtfertigte Gewalttätigkeit erschien, in Wahrheit der einzige Weg gewesen war, dieses Tier loszuwerden, ehe sich dessen Gift in seinem Körper ausbreiten konnte.

Eine lange Reise ist nötig, ehe der Unreife reif geworden ist.
Sprichwort

Rang und Nation

Verschiedene Gruppen innerhalb der Gemeinschaft stellen in Wirklichkeit »Nationen« dar.

Hüte dich vor Leuten, die dir Fragen stellen, zu denen sie sich bereits eine Meinung gebildet haben, die sie bloß bestätigt haben möchten oder mittels derer sie dir – unbewußt – Ablehnung entlocken wollen, um damit ihre eigene Überzeugung zu stützen.

Die Verbindung mit solchen Menschen ist nicht nur fruchtlos: sie ist das Merkmal des Unwissenden.

Der Klerus, die Ärzte, Literaten, Adligen und Bauern könnte man tatsächlich als »Nationen« bezeichnen; denn jede dieser Gruppen ist ihren eigenen Sitten und Denkgewohnheiten verhaftet. Die Vorstellung, daß diese Leute, bloß weil sie in demselben Land wohnen und dieselbe Sprache sprechen, gleich sind wie du, ist eine Haltung, die es zu überprüfen gilt. Alle Erleuchteten lehnen letztendlich diese Annahme ab.

(Samarqandi)

Geduld ist bitter, trägt aber eine süße Frucht.

Sprichwort

Sei gut zum Falken und schade dem Sperling.

Sprichwort

Briefe

Der gewöhnliche Mensch schreibt einen Brief, ohne sich groß Gedanken über die Lage dessen zu machen, der ihn lesen wird – sehr viel Beachtung schenkt er dabei dem eigenen Zustand.

Der Rücksichtsvolle schreibt einen Brief, dem seiner Meinung nach dieselbe Gesinnung innewohnt, die der Empfänger vertritt.

Der Gelehrte schreibt wenig Briefe, falls er den Zustand des Empfängers nicht im voraus erkennen kann.

Der Sufi schreibt keinen Brief, ehe er genau weiß, wie der Geisteszustand des Empfängers bei der Entgegennahme des Schreibens sein wird.

Der Adept schreibt jeden Brief, der geschrieben werden muß.

Der Gnostiker (Arif) hat weder das Schreiben noch das Empfangen von Briefen nötig.

Aber so verworren ist die Menschheit:

Falls der Gnostiker nicht schreibt, wird man ihn für sehr bedeutend oder möglicherweise äußerst unbesonnen halten. Der Adept, der einen unerläßlichen Brief schreibt, wird als Gefühlsmensch oder als Propagandist beurteilt. Der Sufi, der den Geisteszustand des Empfängers erahnt, wird des Schreibens unpassender Briefe bezichtigt. Dem Gelehrten wird man aufgrund seiner wenigen Briefe nachsagen, daß er mit anderen Dingen mehr beschäftigt sei. Der Rücksichtsvolle wird sich nicht richtig mitteilen können, da etwas in seinen Zeilen Anstoß erregen könnte. Die Korrespondenz des gewöhnlichen Menschen, der alle möglichen Arten von Briefen verfaßt, wird möglicherweise gesammelt und ausgewählt. Falls er genug schreibt, werden die Leute jene Briefe aussuchen, die ihnen wertvoll erscheinen. Auf dieser Basis kann er irrtümlicherweise als ein Heiliger bezeichnet werden.

(Schah Hasan)

Die Stimme

Die Stimme der höchsten Führung höheren Wissens ist allgegenwärtig. Sie wird von den gewöhnlichen Menschen nicht vernommen, da diese ihre persönliche oder gruppeneigene Selbstgefälligkeit taub macht. Als Schlußfolgerung behaupten sie, daß die Stimme nicht vernehmbar sei. Oder noch schlimmer: sie hören auf eine oder auf mehrere Stimmen, von denen sie – wiederum aufgrund ihrer Selbstgefälligkeit – glauben, daß es die wahren seien.

Es gibt so viel Dinge zur Nährung der eigenen Eitelkeit, die mit Morallehren vermengt sind, welche zumeist als »gut« oder »wahr« hingenommen werden. Damit frönen selbst die gläubigsten Anhänger dieser Morallehren ihrer Eitelkeit, genauso sicher, wie der geschulte oder selbsternannte Kritiker in Wirklichkeit in seinem Kritisieren die eigene Eitelkeit walten läßt und dabei weder selber etwas lernt noch anderen etwas beibringt oder zu irgend etwas einen Beitrag leistet.

Die Stimme, die stets zu vernehmen ist, spricht: »Du kannst die Eitelkeit weder bekämpfen noch meiden, solange du nicht weißt, wo sie ihre Wirkung ausübt.« Die Leute verlagern ihre Eitelkeit auf vorhandene Gegebenheiten und versuchen dieselben so lange aufrechtzuerhalten, bis sie ihnen nicht mehr dienlich sind.

(Mohammed Ali-Schah)

Besser ein Dämon, der dich eine Stufe weiterführt, als ein Engel, der droht.

Sprichwort

Die vier Männer und der Dolmetscher

Dieses Gleichnis Rumis ist seit dem 13. Jahrhundert angewandt worden, um die Verschiedenheit der menschlichen »Sprachen« zu charakterisieren – deren Wunsch nach demselben Ding in der Meinung, daß es sich dabei um etwas Unterschiedliches handle – und um die »vier Männer« aufzuzeigen, von denen es heißt, daß sie im Herzen jedes Individuums streiten.

Das Gleichnis stammt aus dem Mathnawi, den von Rumi hinterlassenen spirituellen Versen, die als »Der Koran Persiens« bezeichnet worden sind.

Vier Leuten ist ein Geldstück gegeben worden.

Der erste war ein Perser. Er sagte: »Damit werde ich etwas *angur* kaufen.«

Der zweite war ein Araber. Er meinte: »Nein, denn ich möchte *inab*.«

Der dritte, ein Türke sprach: »Ich möchte kein ›inab‹, ich will *uzum*.«

Der vierte, ein Grieche, sagte: »Ich will *stafil*.«

Da sie nicht wußten, was sich hinter dem Namen der Dinge verbirgt, begannen die vier zu streiten. Sie hatten Kenntnis, aber kein Wissen.

Ein Weiser hätte sie mit folgenden Worten versöhnen können:

»Mit ein und demselben Geldstück kann ich all eure Bedürfnisse erfüllen. Wenn ihr mir aufrichtig vertraut, wird euer eines Geldstück wie deren vier sein – und vier vom Streit Zerrissene werden wieder eins sein.«

Ein solcher Mann würde begriffen haben, daß jeder in seiner Sprache dasselbe verlangte: Trauben.

Die Sultane und der Steuerzahler

Während gesetzliche Genugtuung für seelischen Schmerz stets schwer zu erlangen ist, besteht ein anonymes Verfahren, das von vielen erfolgreichen Herrschern unserer und vergangener Tage angewandt worden ist. Es wurde – und wird an manchen Orten immer noch – nach Vorschrift der Weisen gehandhabt, die in der Öffentlichkeit nie erscheinen, von den Herrschern aber beachtet werden. Das Verfahren wird »Zurechtstutzen« genannt.

Beamte aller Stufen – z. B. die Steuereinzieher – sind keinem Zwang unterworfen, außer den Vorschriften und Verordnungen sowie der Notwendigkeit, den unmittelbaren Vorgesetzten Genüge zu tun.

Als Ergebnis entstehen ebenso viele Mißachtungen aus Dummheit wie aus Korruption. In jeder Gesellschaft ist die Korruption des Herzens genau so schädlich wie jene des Geldbeutels.

Aufgeklärte Verwaltungen setzen Leute ein, die als angebliche Steuerzahler sowohl Steuereinzieher als auch andere Beamte aufsuchen. Werden sie von diesen herzlos oder töricht behandelt, so wird dem zuständigen Departement eine entsprechende Meldung gemacht. Die Beamten werden sodann »zurechtgestutzt«: das heißt, sie werden an einen Ort verwiesen, wo ihre Fehler anderen keinen Schaden zufügen können.

Es gibt zahlreiche Geschichten dieser Art: beispielsweise jene, wie Harun und sein Wesir Gerechtigkeit übten, indem sie sich verkleideten und Leute besuchten. Wisse darum, daß »Harun« den der Gerechtigkeit geweihten Körper des Volkes darstellt; Harun und sein Wesir stellen innerhalb der gesunden

Gesellschaft das Werkzeug dar, mit dessen Hilfe das »Zurechtstutzen« gehandhabt wird.

Wo es kein derartiges »Zurechtstutzen« gibt, befindet sich das Land – bewußt oder unbewußt – in einem Katastrophenzustand, mag sich die Öffentlichkeit dabei um die Beruhigung des Gewissens bemühen oder nicht. Ein »Zurechtstutzen« dieser Art muß in jedem Fall stattfinden.

(Mohsin Ardabili)

Der Dieb

Ein Mann aus Merv – wo bekanntlich komplizierte Denker zu Hause sind – rannte eines Nachts schreiend durch die Straßen der Stadt und brüllte: »Dieb, Dieb!«

Die Leute standen um ihn herum, und als er sich ein wenig beruhigt hatte, fragten sie: »Wo war der Dieb?«

»In meinem Haus.«

»Hast du ihn gesehen?«

»Nein.«

»Fehlte irgend etwas?«

»Nein.«

»Wie kannst du somit wissen, daß ein Dieb dort gewesen ist?«

»Ich lag in meinem Bett, als es mir einfiel, daß Diebe ohne ein Geräusch in Häuser einbrechen und lautlos herumschleichen. Da ich nichts hören konnte, wußte ich, daß sich ein Dieb im Haus befand, ihr Narren!«

(Niamat Khan)

Wisse um dein Maß.

Sprichwort

Was halten solche von sich selbst, die andere als Greuel bezeichnen?

Sprichwort

Doppelt sehen

Ein Vater sagte zu seinem schielenden Sohn:
»Mein Sohn, du siehst alles doppelt.«
»Wie ist das möglich?« erwiderte der Sohn. »Wenn dem so wäre, würde es dort oben scheinbar vier statt zwei Monde geben.«

(Hakim Sanai von Ghazna)

Wenn du ein Schreiber sein willst, so schreib und schreib und schreib.
Sprichwort

Der Lügner hat ein schlechtes Gedächtnis.
Sprichwort

Warum?

Ein Mann fragte einen Derwisch: »Warum sehe ich dich nicht öfters?«

Der Derwisch erwiderte: »Weil die Worte ›Warum hast du mich nicht besucht?‹ in meinen Ohren süßer klingen als die Worte ›Warum bist du wiedergekommen?‹«.

(Mulla Jami)

Morgen sind die Früchte reif.

Sprichwort

Wenn es der Vater nicht fertigbringt, wird es der Sohn vollenden.

Sprichwort

Jusuf, Sohn des Husein

Da Jusuf ein Schüler werden wollte, suchte er Dhu'n-Nun auf und blieb für ein Jahr als Diener bei ihm.

Nach Ablauf dieser Zeit fragte Dhu'n-Nun:

»Was willst du von mir?«

Jusuf erwiderte: »Die Erlaubnis, dir ein weiteres Jahr dienen zu dürfen.«

Nach dem zweiten Jahr sprach Dhu'n-Nun: »Stell mir eine Frage.«

Jusuf sagte: »Nenn mir den größten Namen.«

Dhu'n-Nun gab keine Antwort, und Jusuf blieb weiterhin als Diener bei ihm.

Eines Tages überreichte Dhu'n-Nun Jusuf eine Schale, die mit einem Tuch bedeckt war. Er sprach: »Bring dies dem Derwisch, der auf der anderen Seite des Flusses wohnt. Nimm das Tuch unter keinen Umständen weg.«

Jusuf erwiderte: »Bei meinem Kopf und meinem Herzen, ich werde mich so verhalten, wie du gesagt hast.«

Dhu'n-Nun erwiderte: »Wenn dem so ist, wird dir der Derwisch den großen Namen verraten.«

Doch beim Überqueren des Flusses wurde Jusuf auf den Inhalt der Schale neugierig, und er öffnete das zusammengeknotete Tuch. Eine Ratte sprang heraus, fiel in den Nil und wurde fortgespült. Als er an dem Ort anlangte, wo der Derwisch wohnte, überreichte ihm Jusuf die Schale und bat: »Nenn mir den großen Namen.«

Der Derwisch antwortete: »Du konntest keine Ratte in einer Schale tragen, wie kannst du folglich den großen Namen behüten? Du hast deine Prüfung nicht bestanden.«

Jusuf kehrte äußerst niedergeschlagen zu seinem Meister zurück.

Dhu'n-Nun sandte ihn mit folgenden Worten in seine Heimat: »Zur richtigen Zeit wirst du Initiation erlangen.« Aufgrund dieser und anderer Unachtsamkeiten dauerte es noch fünfzig Jahre, ehe Jusuf genügend Disziplin erlangt hatte, um den großen Namen zu vernehmen.

(Attar)

Warum sich der Derwisch verbirgt

Rumi wurde von seinem Sohn gefragt: »Warum verbirgt sich der Derwisch? Handelt es sich dabei um eine Selbstverhehlung mit Hilfe der Kleidung? Ist etwas in ihm vorhanden, das er verbirgt?«

Der Meister erwiderte: »Es mag auf jegliche Weise zutreffen. Einige schreiben Liebesgedichte, und die Leute glauben, daß sie die gewöhnliche Liebe meinen. Gelegentlich verbirgt die Berufung den wahren Rang auf dem Pfad; es gibt Händler wie Baba Farid; einige betätigen sich literarisch; andere gehen sonstigen Beschäftigungen nach.

Dies mag zum Schutz vor weltlichen Leuten geschehen. Um in Frieden leben zu können, handeln einige absichtlich auf eine Art und Weise, die von der Gesellschaft mißbilligt werden mag. Aus diesem Grunde hat der Prophet gesagt: ›Gott hat die Erleuchtetsten verborgen‹.

Jene, die sich auf dem Weg befinden, mögen sich jeden Kunstgriff zu eigen machen, um in Frieden leben zu können, falls sie ansonst daran gehindert würden.«

Sodann rezitierte der Meister:

»Stets wissend, verbergen sie sich, während sie suchen.

Den gewöhnlichen Menschen erscheinen sie anders, als sie sind.

Sie wandern im innern Licht: Wunder vollbringend.

– Doch keiner weiß, wer sie sind.«

(Aflaki: Munaqib el-Arifin)

Der Hund und die Derwische

Eine Gruppe von Derwischen, die von einigen Schülern begleitet wurden, hielten auf ihrer Reise kurz Rast, um etwas zu essen.

Sie breiteten neben der Straße ein Tuch aus und beschwerten dessen Ecken mit großen Steinen, auf daß es der Wind nicht davontragen könne.

Ein streunender Hund, der diese Vorbereitungen beobachtete, begann alsbald herumzuschnüffeln.

Einer der Schüler sprach: »Wir werden mit diesem Hund Schwierigkeiten haben. Falls wir ihm einige Brocken zuwerfen, wird ihn das nur dazu ermutigen, unsere Mahlzeit zu stören.«

Einer der Derwische erwiderte: »Die Tat übertrifft den Verstand. Hör auf, so zu denken, und fahre damit fort, Steine auf die Ecken der Decke zu legen.«

Der Hund lief um all die Steine herum, beschnüffelte sie und rannte dann bellend davon.

Einer der Derwische, der berühmt dafür war, die Sprache der Tiere zu kennen, sprach: »Er sagt: ›Wenn diese Menschen nur Steine für ihre eigene Mahlzeit bereitlegen, auf was für Reste bleibt mir da zu hoffen?‹.«

Deinem magischen Talisman wohnen Kräfte inne – aber bist du ein Salomo, um ihn zur Wirkung zu bringen?

Sprichwort

Sei in der Welt, aber gehöre nicht zu der Welt.

Sprichwort

Das Gebet und der Fluch des Derwischs

Diese Überlieferung des Naqshbandi-Ordens stammt aus dem ehrwürdigen Manuskript Asrar-i-Khajagan (Geheimnisse der Meister), das dem 1848 verstorbenen Scheich Munawwar Shah zugeschrieben wird. Das Grab des Scheichs befindet sich in Lahore.

Die Erzählung zeichnet jene Tradition auf, wonach gewisse Leute – insbesondere Sufis eines bestimmten Ranges und einige Abkömmlinge Mohammeds – eine Person verfluchen mögen, um ihr eine Wohltat zu erweisen.

Aufgrund seiner Selbstsucht weiß der Mensch nicht, daß Gebete oft gerade das Gegenteil bewirken.

Es war einmal ein Derwisch, dessen Berufung mächtig war, obgleich er vieles zur Unzeit anstrebte; manchmal verlangte ihn nach Dingen, die er nicht verdient hatte.

Eines Tages erklomm er einen steilen Hügel, und weil er müde war, betete er, daß ihm bei seinen Bemühungen geholfen würde. Sogleich – wie aus dem Nichts – erschien ein Mann und nötigte den Derwisch, ihn auf den Rücken zu nehmen.

Es geschah, daß gleichzeitig eine Frau mit ihrem Kind auf den Armen den Hügel herunterkam. Beim Anblick dieses verehrungswürdigen Menschen, der den Aufstieg kaum schaffte und – wie sie glaubte – in selbstaufopfernder Weise einen Kameraden auf dem Rücken trug, hielt sie an, um einen Gefallen zu erbitten.

»O Derwisch! Segne mein Kind!«

Indem sich der Derwisch diesmal der Wirkung des Gegenteils erinnerte, rief er: »Möge das Kind verflucht sein!«

Auf diese Worte brach die unglückliche Frau in Tränen aus.

Sogar der Alte, den der Derwisch auf seinem Rücken trug, war durch diese vermeintliche Hartherzigkeit so erzürnt, daß er ihm heftige Schläge versetzte und danach seinen Weg allein fortsetzte.

Begegnung mit dem Teufel

Ein gewisser frommer Mann, überzeugt, daß er ein ernsthafter Sucher nach der Wahrheit sei, brach auf, um einen langen Weg der Disziplin und des Lernens zu beschreiten.

Während beträchtlich langer Zeit sammelte er bei verschiedenen Lehrern zahlreiche Erfahrungen sowohl seelisch-geistiger als auch äußerlicher Art.

Eines Tages sah er während des Meditierens plötzlich den Teufel neben sich sitzen.

»Hinweg mit dir, Dämon!« schrie er, »denn dir ist keine Macht gegeben, mir zu schaden; ich schreite auf dem Pfad der Auserwählten.«

Die Erscheinung verschwand.

Ein wahrhaft Weiser, der gerade vorbeiging, sprach traurig zu ihm: »O mein Freund, du hast dein Bemühen auf einer derart unsicheren Basis aufgebaut – auf deiner unveränderten Furcht, Gier und Selbsteinschätzung –, daß du bei deiner letztmöglichen Erfahrung angelangt bist.«

»Wieso?« fragte der Suchende.

»Dieser ›Teufel‹ ist in Wirklichkeit ein Engel. Den ›Teufel‹ hast nur *du* gesehen.«

Mutig ist der Dieb, der eine Lampe in der Hand trägt.
Sprichwort

Der Bart des Derwischs

Diese Geschichte wird Sayid Khidr Rumi (gestorben 1360) zugeschrieben, der dafür berühmt ist, daß er im 14. Jahrhundert als Lehrer bis nach England und China gelangt sein soll. Es heißt, daß er mit dieser Fabel zeigen wollte, daß ein Mensch, nur weil er weiß, was er nicht tun darf, nicht unbedingt weiß, was er tun soll, und daß die Leute annehmen, daß eine Sache (den eigenen Bart lieben) das Gegenteil einer anderen (den eigenen Bart ausreißen) sei. Die hier vorliegende Version stammt aus Attars »Parlament der Vögel«, das im 13. Jahrhundert geschrieben worden ist.

Ein gewisser Derwisch besaß einen ehrwürdigen Bart, auf den er äußerst stolz war. Einen großen Teil seiner Zeit verbrachte er mit frommen Übungen, aber etliches seiner Aufmerksamkeit war auf den Bart, das Zeichen seiner Würde, gerichtet.

Mose war unterwegs nach dem Sinai, als ihn der Derwisch aufhielt. Er sagte zu ihm: »Bitte, frage in meinem Namen Gott, warum ich nie spirituelle Erfüllung erlange, obwohl ich meinen Glaubenspflichten innig und unablässig nachkomme.«

Mose erklärte, daß er dies tun würde, und Gott antwortete ihm: »Es stimmt, daß dieser Derwisch ein Sucher ist, aber seine Gedanken weilen zu oft bei seinem Bart.«

Als Mose zurückkehrte und die Botschaft überbrachte, ward der Derwisch von Reue ergriffen. Er verbrachte nun einen großen Teil seiner Zeit damit zu, sich seinen wunderschönen Bart Haar für Haar auszurupfen und sich Vorwürfe zu machen, daß er ihn als etwas Bedeutendes erachtet hatte.

Als nun Gabriel Mose aufsuchte, sprach er zu ihm von diesem Derwisch: »Einst dachte er zuviel über die Schönheit seines Bartes nach. Nun widmet er ihm genauso viele Gedanken – eher noch mehr.«

Die Ameisen und die Feder

Dieses Gleichnis, das auf einer Schlußfolgerung Rumis (Mathnawi, IV) beruht, ist vom Lehrer Saad el-Din Jabravi, dem Gründer der Saadi-Sufischule, verwendet worden.

Die vorliegende Fassung verfolgt die Absicht, die Zweckmäßigkeit wissenschaftlicher Untersuchungsmethodik (Ameise) aufzuzeigen, während sie gleichzeitig darauf besteht, daß eine andere Art des Wissens (Bildung) – die dem Menschen nicht von Natur aus eigen ist – erworben werden muß, damit dem Leben ein Sinn abgewonnen werden kann.

Jabravi verstarb im Jahre 1335 in Damaskus. Seine Erzählungen sind nach wie vor aktuell; sie dienen als Beweisführung für den Gedanken, wonach Gleichnisse für den menschlichen Geist von Bedeutung sind, um Ideen eine anschauliche Form zu verleihen, die mittels keiner anderen Methode dargestellt werden können.

Eines Tages verirrte sich eine Ameise auf einem Stück Papier; dort bemerkte sie, wie eine Feder säuberliche schwarze Linien zog.

»Wie wunderschön das ist!« sagte die Ameise. »Dieser bemerkenswerte, mit eigenem Leben ausgestattete Gegenstand bringt auf dieser wunderbaren Fläche mit einer solchen Ausdauer und Energie Schnörkel hervor, die den Anstrengungen aller Ameisen der Welt gleichkommen. Und all diese Schnörkel, die er hervorbringt! Sie sehen Ameisen ähnlich; nicht bloß einer, sondern Millionen von Ameisen, die alle gemeinsam rennen.«

Sie erzählte ihre Eindrücke einer anderen Ameise, die ebenfalls Interesse zeigte. Diese pries die Beobachtungsgabe und die Überlegungen der ersten Ameise.

Eine weitere Ameise jedoch sagte: »Indem ich mir – zugegebenermaßen – eure Bemühungen zunutze machte, habe ich diesen seltsamen Gegenstand beobachtet. Aber ich habe festgestellt, daß dieser Gegenstand nicht der eigentliche Meister dieses Werkes ist. Ihr habt übersehen, daß diese Feder zu anderen Dingen gehört, die sie umfassen und führen. Diese sollten als der eigentliche Bewegungsfaktor betrachtet werden, und ihnen gebührt die Anerkennung.« Auf diese Weise sind von den Ameisen die Finger entdeckt worden.

Nach langer Zeit kletterte jedoch eine andere Ameise über die Finger und stellte fest, das dieselben zu einer Hand gehörten, die sie – indem sie ganz nach Art der Ameisen auf ihr herumkrabbelte – gründlich erforschte. Sie kehrte zu ihren Gefährten zurück und schrie: »Ameisen! Ich habe wichtige Nachrichten für euch. Diese kleineren Gegenstände sind Teil eines größeren Gegenstandes, der sie in Bewegung setzt.«

Aber dann wurde entdeckt, daß die Hand zu einem Arm gehörte und der Arm zu einem Körper; man stellte fest, daß es zwei Hände gab und zwei Füße, wobei letztere nicht schrieben.

Die Untersuchungen gehen weiter. Was die Mechanik des Schreibens anbelangt, haben die Ameisen eine klare Vorstellung. Die Bedeutung und Absicht des Schreibens – wie man es schließlich beherrscht – werden sie aufgrund ihrer herkömmlichen Untersuchungsmethodik nicht herausfinden. Und zwar deshalb, weil ihr Wissen auf bloßer Erfahrung gründet.

Die Deutungsweise des Unwissenden: Wie ein Esel, der eine Melone frißt, die er zuvor im Kot zerstampft hat.

Sprichwort

Als der Falke sagte, daß er sich in der Ruine bloß ausruhe, schrie die dort wohnende Eule: »Er lügt! Er versucht, unser Haus mit List zu stehlen.«

Sprichwort

Wer erkannte den Meister?

Die Sufis machen öfters darauf aufmerksam, daß die den Autoritätspersonen entgegengebrachte Achtung oft ein Produkt von Gefühl, Propaganda oder schlechter Beobachtung darstellt. Hilali, der im 16. Jahrhundert lebende Lehrer von Samarkand, pflegte diese Lehre mittels unmittelbarer Darstellung zu veranschaulichen.

Diese Reihe beabsichtigter Vorfälle stammt aus Saliks Tibb-el-Arif (Heilkunst der Gnostiker).

Hilali, von fünf seiner Schüler begleitet, befand sich auf einer langen Reise quer durch Zentralasien. Von Zeit zu Zeit ließ Hilali seine Gefährten auf verschiedene Art und Weise handeln. Die folgenden Beispiele erzählen von ihren Abenteuern:

Als sie Balkh erreichten und ihnen eine Delegation der bedeutendsten Leute der Stadt entgegenkam, um den Meister zu begrüßen, sprach Hilali zu Jusuf Lang: »Sei du der Meister.« Jusuf wurde empfangen und geehrt. Bald gab es Gerüchte über Wunder, die er vollbracht habe, indem er sich mit gewissen Kranken unter demselben Dach befand. »Das ist das, von dem die Leute glauben, daß es das Derwischtum sei; wir aber wissen, daß dem nicht so ist«, sagte Hilali.

In Surkhab betraten die Gefährten, alle gleich gekleidet, die Stadt. Keiner hatte den Vortritt. »Welcher ist der große Meister?« fragte das Oberhaupt der Stadt. »Ich bin es«, erwiderte Hilali. Sogleich warfen sich die Leute auf die Knie und riefen: »Wir erkannten ihn an dem Licht in seinen Augen.«

»Zieht eine Lehre daraus«, sprach Hilali zu seinen Gefährten.

Als die Gemeinschaft in Kandahar anlangte, wurde ihnen von Sardar, dem Oberhaupt, ein Gastmahl geboten, bei dem sich alle im Kreis niedersetzten. Hilali hatte angeordnet, daß man ihn als Geringsten der Jünger, Jafar Akhundzada aber als Meister behandeln solle. Aber Sardar, das Oberhaupt, sprach: »Wahrlich, dieser Geringste eurer Gefährten leuchtet mit innerem Licht; was immer ihr auch von ihm sagen mögt, ich betrachte ihn als das magnetische Zentrum des Zeitalters.«

Alle begrüßten Hilali, der anerkennen mußte, daß Sardar – obwohl er ein Herrscher war – auch die Fähigkeit besaß, jene Dinge wahrzunehmen, deren die Menschen nicht gewahr werden.

Salomo, der Moskito und der Wind

Diese berühmte Erzählung aus Zentralasien wird oft zur Darstellung jener Sufilehre verwendet, wonach die Gerechtigkeit bloß relativ ist, obgleich der Mensch behauptet, daß sie unumschränkt sei.

Von einem armenischen Philosophen zum Nachweis aufgefordert, daß Fabeln nicht bloß der Unterhaltung oder der Einprägung sittlicher Grundsätze dienen, erzählte der Sufi-Wanderer Kazi Naim, der im 18. Jahrhundert gelebt hatte, im Rahmen einer vielgenannten Gelegenheit diese Geschichte.

Er behauptete, daß eine »andere Welt« sichtbar würde, falls man die Grenzen der eigenen Eitelkeit wahrnehmen könnte. Diese Behauptung wurde jedoch von den Anwesenden nicht angenommen, und Naim wurde angeklagt, »Leute des Zeitvertreibs beraubt zu haben«, und dazu verurteilt, der Volksjustiz von Astrachan ausgeliefert zu werden. Als man ihn steinigte, sprach er: »Ihr vollbringt gute Arbeit, denn Gewalt mag – entgegen allen Absichten – dem Leben die Wahrheit aufprägen.«

Diese Geschichte findet sich auch in Rumis Mathnawi.

Eines Tages begab sich ein Moskito an den Hof von König Salomo dem Weisen.

»O großer Salomo, Friede sei mit dir«, rief er, »an deinem Hofe suche ich Entschädigung für all die Ungerechtigkeiten, die täglich an mir verübt werden.«

Salomo sprach: »Lege deine Beschwerde dar – sie wird bestimmt gehört werden.«

Da sagte der Moskito: »Erhabener und einzig Gerechter, ich erhebe Klage gegen den Wind. Wann immer ich mich ins Freie begebe, kommt der Wind und bläst mich fort. Aus diesem Grund bleibt mir keine Hoffnung, jene Orte zu erreichen, die ich als mein rechtmäßiges Ziel erachte.«

König Salomo erwiderte: »Gemäß den geltenden Rechtsgrundsätzen kann keine Klage angenommen werden, ohne daß die Gegenpartei anwesend ist, um den Anklagepunkt zu beantworten.«

Er wandte sich an seine Höflinge und befahl: »Ruft den Wind herbei, auf daß er sich verteidige.«

Der Wind wurde herbeigerufen, und kurze Zeit danach war die Brise, die ihr Kommen ankündigte, anhand eines leichten, dann eines stärkeren Raschelns zu verspüren.

Und der Moskito rief: »O großer König! Ich ziehe meine Anklage zurück, denn der Luftzug dreht mich ununterbrochen im Kreise herum, und ehe der Wind tatsächlich eingetroffen sein wird, werde ich weggeblasen sein.«

Unter diesen Umständen konnte weder vom Kläger noch vom Gerichtshof die Rechtssprechung geltend gemacht werden.

Die Definition des Begriffs »beendet« lautet: »Dieses Wort bedeutet ›beendet‹.«

Sprichwort

Die Bienen und der hohle Baum

Diese Legende ist eine Lieblingsgeschichte der Balkan-Derwische. Sie wird Sayid Jafar (gestorben 1598 in Ephesus) zugeschrieben. Er war ein Nachfolger des Ibrahim Gulshani aus Kairo, der den Gulshani-Orden, eine Verbindung der vier Pfade des Sufismus, gegründet hatte. Er starb 1553.

Von Jafar wird allgemein angenommen, daß er – eine Art Vorgänger der heutigen Raumfahrer – in einem leuchtenden Wagen ohne sichtbare Triebkraft »die Sterne besucht« habe. Die Gulshanis reichten im 7. Jahrhundert ihre metaphysische Begabung »in einem Messing-, Silber- und Kupferkästchen« an die Azamia (»Größere«)-Bruderschaft weiter. Es heißt, daß sie bloß jene Kräfte zurückhielten, die ihnen Zusammenkünfte mit gewissen, längst verstorbenen historischen Personen ermöglichen.

Sayid Afar, dem großen Meister der vier Pfade, wurde die Frage gestellt:

»Welcher ist der beste aller Pfade, und wie kommt es, daß sich dort, wo Erleuchtung gelehrt wird, so viele ernsthafte Leute finden?«

Sayid antwortete:

»Es war einmal ein Wald voller Sämlinge, die zu Bäumen heranwuchsen. Diese Bäume lebten so lange, als ihnen beschieden war; sie gaben vielen Lebewesen Früchte, Schutz und Lebensunterhalt. Dann war mit gutem Grund ihre Aufgabe erfüllt; die Bäume starben, und der Wald wurde leblos. Leblos bis auf eine Anzahl Bienen, die ein Heim und einen Platz suchten, um ein gemeinschaftliches Leben aufzubauen. Sie stellten fest, daß manche der toten Bäume hohl waren, und sie errichteten dort ihre Bienenstöcke.

Viele Generationen lang dienten die Bäume den Bienen recht gut. Wie es in der Natur der Sache liegt, begannen die Stämme – einer nach dem andern – zu verfaulen und stürzten um. Jene Bienen, die noch in genug starken Bäumen wohnten, wiesen auf ihre weniger glücklichen Gefährten hin und sprachen:

»Schaut, wie schlecht sie sind! Dies ist eine Strafe für sie.« Andere sagten: »Laßt sie uns in unsere Stöcke aufnehmen, denn sie sind heimatlos, und es soll ihnen geholfen werden. Das hätte auch uns geschehen können.«

Andere wiederum meinten: »Wie unbrauchbar waren ihre Stöcke, daß sie so zusammenbrechen konnten. Laßt uns vorsichtig sein, daß die unseren nicht dasselbe Schicksal erfahren.«

Aber dessenungeachtet stürzten nach und nach sämtliche Bäume um, und alle Bienen wurden – zu verschiedenen Zeiten – heimatlos.

Die Bienen überlegten sich die Dinge auf recht oberflächliche Art und Weise. Viele von ihnen erkannten nicht, daß die Stöcke eindeutig zum Schutz und zur Bereitstellung des Honigs geschaffen waren. Viele begriffen nicht, daß sie sich die Bäume hätten zunutze machen und sich mit ihrer Arbeit hätten beeilen sollen, ehe die Bäume zerfielen. Diese letzte Schwierigkeit war deshalb entstanden, weil sich die Bienen nicht die Mühe nahmen, einen Teil ihrer Zeit und ihrer Kräfte in die Beobachtung der Beschaffenheit ihrer Umgebung zu investieren.

Ohne Grund ist nichts wohlfeil.

Sprichwort

Die Wirkung – und der Gebrauch – von Musik

Viele Derwisch-Lehrer haben den Gebrauch von Musik verboten: nicht daß sie dieselbe als wertlos erachtet hätten, sondern weil sie der Ansicht waren, daß die Musik »von so wesentlicher Bedeutung sei, daß unrichtiges Anhören derselben Freude vermittle und somit die Funktion der Musik als Weg zur Wahrheit verhindere«. (Ibn Darani)

Dennoch ist es für den kultivierten Menschen schwer zu glauben, daß seine Art der Wahrnehmung von Musik »in der Tat die niedrigste Stufe der erhabenen Möglichkeiten darstellt, die der Musik innewohnen«. (Hatim el-Askari)

Saadi bringt in seiner Schrift »Sitten der Derwische« diese Ansicht in einem denkwürdigen autobiographischen Fragment zum Ausdruck.

Obgleich mein verehrter Lehrer Scheich Abu-el-Faraj Shamsudin, Sohn des Jauzi (Friede sei mit ihm!), mir zu raten pflegte, meiner Vorliebe für den Gesang zu entsagen und mich ganz der einsamen Meditation zu widmen, war ich dennoch von jugendlicher Begeisterung dafür erfüllt.

Ich folgte deshalb einem Weg, der mit den Anweisungen meines Meisters nicht ganz übereinstimmte, und freute mich in der Gemeinschaft von Derwischen an Musik und Gesang. Wann immer ich mich bei solchen Gelegenheiten der Ermahnung des Scheichs erinnerte, pflegte ich zu sagen:

»Falls ein Abstinent Wein versuchte, würde er sogar den Berauschten entschuldigen.«

Wie dem auch sei, eines Nachts traf ich auf eine Gruppe von Leuten, die sich um einen Sänger versammelt hatten. Seine

Stimme zu hören war schlimmer, als die Nachricht vom Tode des eigenen Vaters zu vernehmen. Gelegentlich steckten die Zuhörer ihre Finger in die Ohren und hielten sie an ihre Lippen, um ihn zum Schweigen zu bringen. Niemand war erfreut – es sei denn, daß sie sich erhoben, um sich davonzumachen. Ich sagte zu meinem Gastgeber: »Gib mir um Gottes Willen Watte für meine Ohren oder zeig mir die Türe.«

Doch außer Sichtweite der Gruppe blieb ich, wo ich war.

Als der Morgen dämmerte, nahm ich meinen Turban ab, legte ihn zusammen mit einem Goldstück vor den Sänger und bedankte mich. Meine Freunde waren überrascht und belustigt. Einer von ihnen sagte:

»Bei dieser Tat – den Turban eines Gebildeten zu verschenken und einem Menschen, dem nie etwas gegeben worden ist, ein Goldstück zu überreichen – bist du nicht von Weisheit geführt worden.«

Ich erwiderte: »Hör auf mit deinen Vorwürfen, denn die bemerkenswerten Eigenschaften dieses Mannes sind mir sichtbar geworden.«

»Erzähl mir von seinen Eigenschaften«, sprach mein Freund, »auf daß ich ihm Freundschaft erweise und Verzeihung erlange.«

Ich sagte ihm: »Mein verehrter Meister hat mir wiederholt geraten, Musik und Gesang aufzugeben. Ich habe bis heute seinen Rat nicht beachtet. Durch die Darbietung dieses Sängers war ich in der Lage, die nachteiligen Möglichkeiten der Musik festzustellen.«

Eile stammt vom Teufel.

Sprichwort

Die Bekenntnisse des Johannes von Antiochia

Yaha (Johannes) von Antiochia, von dem man glaubt, daß er im 13. Jahrhundert gelebt hatte, arbeitete und reiste in Syrien, Palästina, Ägypten und Indien. Möglicherweise besuchte er auch Zentralasien. Obwohl er durch die mündliche Überlieferung seiner »Sprichworte« recht gut bekannt war, sind sehr wenig schriftliche Aufzeichnungen aus seinem Leben erhalten geblieben. Sie sind nie gesammelt worden.

Recht früh in meiner Jugend bemerkte ich – durch etwas mir Unbekanntes herausgefordert –, daß der Ursprung von Glaube, Liebe und Haß der Menschen, auf den Lehren ihrer Eltern und der ihnen zugehörigen Gemeinschaft zu beruhen schien. Die Mandäer beispielsweise haßten die Christen, obgleich sie wenig über sie wußten und ihr diesbezügliches Wissen gar nicht zu erweitern wünschten. Die Christen wiederum glaubten unsinnige Dinge über die Moslems, anstatt mit ihnen zu leben und täglich die Widerlegung ihrer Vorurteile zu erfahren, welche sie unbesehen gelten ließen. Ferner debattierten die Philosophen über Grundsätze und stießen dabei auf Antworten, die von der Menge und Beschaffenheit ihres Wissens, mit dem sie ihre Übungen begonnen hatten, ebenso tief durchdrungen waren, wie von ihren Vorurteilen gegenüber der Welt, dem Leben und den Menschen.

Aus diesen Gründen fühlte ich mich zu Leuten mit sufischer Denkweise hingezogen, obwohl ich wußte, daß ich sehr stark gewissen Stimmungswechseln unterworfen war. Darüber grübelnd – was bei mir eine geistige Disposition darstellte –, zweifelte ich, von Hoffnung und Angst getrieben, ob ich jenes Verständnis für die Menschheit erreichen könnte, das diese wunderbaren Menschen an den Tag legten.

Wegen dieser Unzulänglichkeiten fühlte ich mich zunächst von dieser Sicherheit angezogen, die, wie ich feststellte, für viele von der wiederholten Beteuerung unterschiedlichster Lehrer ausging, daß der von ihnen aufgezeigte Weg – und nur dieser allein – zum Heil führe. Ich sah, daß dies eine Beruhigung im Bereich des Suchens und der Ungewißheit gegenüber dem Leben bewirkte. Zudem bemerkte ich aus denselben Gründen recht bald, daß ich früher stark von jenem Ausweg motiviert worden war, den sich die Hindus zurechtgelegt hatten; dieser besteht hauptsächlich darin, daß man sich mittels Willensstärke über das Verweilen bei menschlichen Problemen hinaushebt.

Schließlich wurde ich Sufi-Schüler, weil ich bei meiner Begegnung mit ihnen entdeckte, daß sie mir beständig dabei halfen, mich vor den Folgen meiner eigenen Selbstsucht zu schützen. Sie schienen in mir auch jenen Teil zu stärken, der die Notwendigkeit bejahen konnte, daß ich meinen Gefährten als meinen Bruder und meinen Bruder als mich selbst zu betrachten habe. Alle Religionen, so schien es mir, hatten ihre Angaben in Form von Aphorismen gegeben, die aufzeigen, was vermieden werden sollte. Keine wies die Mittel auf, mit deren Hilfe ein Mensch vom Empfang der Botschaft bis zu deren Umsetzung in die Tat ein Ganzes werden könnte.

Lange nachdem ich Sufi-Schüler geworden war, begriff ich, daß das wahrhaftige Eindringen in den Sufismus nur möglich ist, wenn man den »Eintritt mit der Zunge« und den »Eintritt mit dem Herzen« gleichermaßen überschritten hat.

Indem die Sufis die Kraft von Führern auf diesem Weg anerkannten und weitergaben – dem Weg zwischen dem Sein und dem Wunsch des Menschen –, wurden sie selbst zu wissenden, vollständig sensibilisierten Medien, die von einer gewissen Hochleistungs-Energie durchflossen werden konnten.

Sie taten dies einzig auf die Gefahr hin, ihr persönliches

Ansehen zu verlieren (weil sie von den Menschen nicht verstanden wurden) und indem sie die gewohnheitsmäßigen Neigungen dieser Welt so lange mieden, bis sie ihnen tatsächlich widerstehen konnten (und dabei oft dem hohen Rang abschworen, den sie ansonsten hätten einnehmen können). Sie machten sich auch die äußerst tapfere Verpflichtung zu ihrem Losungswort: »Wir können euch behilflich sein, euch selber zu helfen, und wir müssen unserer Pflicht nachkommen, dessenungeachtet, ob wir von der Menge verstanden werden oder nicht. Unsere Hilfe, die wir euch gewähren – was immer sie auch kosten mag –, trägt zu unseren Möglichkeiten in der äußerlichen Welt bei.«

Dies sind die Menschen, die den Menschen lieben und deren Liebe ihm das Finden zu sich selbst ermöglicht.

Stilles Lehren

Der große Meister Ahmad Yasavi von Khorasan pflegte neun Jahre lang mit einigen seiner Schüler eine unstete und seltsame Verbindung. Die Schüler hießen Shabaz, Lukman, Jalal und Jan-Nush. Während dieser Zeit gab er ihnen kaum verbale Anweisungen, führte keine Rituale durch und las keine Bücher.

Statt dessen mußten sie ihn beobachten und sich in angewandter Kunst üben, die Teppichweben, Baukunst und zuweilen ihre angestammten Berufe miteinbezog. In der Stadt Balkh rief er sie gelegentlich zu sich, um ihnen gewisse Gegenstände zu zeigen. Im Rahmen weiterer Studien sandte er sie aus, um sich scheinbar belanglose Ausführungen anderer anzuhören.

Aufgrund seiner inneren Kräfte sind all diese Erfahrungen im Bewußtsein seiner Schüler transformiert worden. Dies stellt jenen Prozeß dar, der unter dem Namen »Lehren durch Zeichen« bekannt ist. Dann und wann riefen die vier: »Warum können wir den Übungsversammlungen des Meisters nicht beiwohnen?«

Und dennoch waren sie es, die Meister und Ordensgründer wurden und schlußendlich das höchste aller Ziele erreichten.

Möge ihr innerstes Wissen geheiligt sein.

(Jangju Khanabadi, Isharat-i-Khwajagan (Zeichen der Meister). Ahmad Yasavi, gestorben im Jahre 1166.)

Drei Dinge

Drei Dinge sind unwiederbringlich:
    Der vom Bogen abgeschossene Pfeil.
    Das in Eile gesprochene Wort.
    Die verpaßte Gelegenheit.

(Ali der Löwe, Kalif des Islam, Schwiegersohn des Propheten Mohammed)

Tischgespräche von Idries Shah

Die Briefe und der wohltätige König

Die Leute fragen mich immer wieder, warum ich ihnen so selten schreibe.

Hier zwei Antworten auf diese Frage.

Ersten gab es einen König, der einen Derwisch fragte, warum er ihn nicht öfters besuchen komme. Der Derwisch erwiderte: »Weil die Worte ›Warum bist du neulich nicht hier gewesen?‹ in meinen Ohren süßer klingen als ›Warum bist du wieder gekommen?‹«

Zweitens gab es einen König, der eine mildtätige Weltanschauung entfaltete und sich entschloß, all seine Reichtümer gleichmäßig unter die Menschen dieser Welt zu verteilen. Als man die Notleidenden alle gezählt hatte, mußte man feststellen, daß nicht genügend Geld vorhanden war, um jedem Menschen einen angemessenen Betrag aushändigen zu können – ganz abgesehen von der Tatsache, daß die kleinste Münze an und für sich keinen Kaufwert hatte.

Indem man bloß seine eigenen Worte wiedergibt und sie unter allen, die sich daran interessiert zeigen, verbreitet, mag dies den Anschein erwecken, als ob man mit diesen Leuten in Kontakt stünde. Aber außer bei passender Gelegenheit ist dies bloß von gesellschaftlichem Wert, keineswegs von informativem Nutzen – geschweige denn von wissensvermehrender Bedeutung.

Wenn wir uns eingestehen müssen, daß durch Geschriebenes und durch persönliche Begegnungen rein gesellschaftliche Bedürfnisse erfüllt werden, so bestehe ich um so mehr auf einer korrekten gesellschaftlichen Beziehung – und nicht auf einer falschen, durch moderne Konvention hervorgebrachten Vervielfältigungsmethode.

Menschliche Entwicklung

Manche Leute glauben, daß jegliche höhere menschliche Entwicklung – falls es diese überhaupt gibt – einem Muster folgen müsse, dessen Form (oder mindestens dessen Ursprung) ihnen als solche sofort wahrnehmbar sei.

Mit dieser Annahme setzen sich die Leute der Einschränkung durch jedwelches System aus, das aus dieser Erwartung Nutzen ziehen kann. Und Systeme ziehen aus solchen Situationen Nutzen!

Zahlreiche Aspekte höherer menschlicher Entwicklung können die Form vermittelnden Wissens und die Erfahrung lediglich auf verhüllte Art und Weise annehmen; vielmehr so, wie wir unsere Kinder lehren, indem wir sie zu Tätigkeiten anhalten, die sie eher als Vergnügen betrachten denn als Unterricht, sei es im Rechnen, in der Zuordnung von Begriffen oder im Beibringen von Umgangsformen.

Eine Methode, Leute an ein »höheres Muster« zu gewöhnen, besteht darin, sie in Tätigkeiten und Unternehmungen einzubeziehen, die höheren Dingen gleichwertig sind.

Ein anderes äußerst wertvolles Verfahren ist ebenfalls einem Vorgehen vergleichbar, das beim Unterricht der Kinder zur Anwendung gelangt. Es besteht darin, den Schüler mit Werten zu umgeben, die er stückweise verarbeiten kann, bis »der Groschen fällt«.

Rundfunk

Man mag gewisse Menschen recht gut kennen, ihnen täglich begegnen, mit ihnen in demselben Haus wohnen. Es wird sie nicht besonders kümmern, was du sagst oder was du tust, bis sie vernehmen, daß du im Fernsehen erscheinen wirst. Dann eilen sie so früh als möglich aus dem Büro nach Hause, nicht um dich an Ort und Stelle zu sehen, sondern um dich im Fernsehen dieselben Dinge sagen zu hören.

Auf dieselbe Weise würden Leute, denen es nicht im Traum in den Sinn käme, eines deiner Bücher zu lesen, sich unbequem um ein Rundfunkgerät zusammenscharen, um andere Leute über dein Buch sprechen zu hören.

Es ist ein trauriger Mangel unserer Zivilisation, daß sich die Leute erst dann für etwas interessieren, wenn es dramatisiert (und sei es bloß via Rundfunk) oder in die Form eines Rituals verpackt worden ist.

Dasselbe gilt für jene Leute, die sagen:»Ich muß in deine Lesung kommen.« Du antwortest:»Du kannst mich täglich diese Dinge sagen hören, ohne eine literarische Veranstaltung besuchen zu müssen.« »Aber das ist nicht dasselbe«, werden sie erwidern.

Gefängnis

Man stelle sich einen Mann vor, der aus einem gewissen Gefängnis Leute zu befreien hat. Es steht fest, daß es bloß einen einzigen erfolgversprechenden Weg gibt, um dieses Unternehmen auszuführen.

Der Befreier muß in das Gefängnis gelangen, ohne Aufmerksamkeit zu erregen. Er muß sich dort für eine gewisse Zeit aufhalten und sich dabei verhältnismäßig frei bewegen können. Die Lösung besteht darin, daß der Mann als Sträfling in das Gefängnis eintritt.

Demgemäß veranlaßt er, daß er verhaftet und verurteilt wird. Wie andere, die mit dieser umständlichen Maschinerie in Konflikt geraten sind, wird auch er ins Gefängnis – sein Ziel – befördert.

Bei seiner Ankunft weiß er, daß er jeglichen Hilfsmittels, das ihm bei einer Flucht behilflich sein könnte, beraubt worden ist. Alles, was ihm bleibt, sind sein Plan, sein Verstand, seine Geschicklichkeit und sein Wissen. Im übrigen muß er sich mit Mitteln behelfen, die im Gefängnis selbst zu beschaffen sind.

Das größte Problem bildet der Umstand, daß die Insassen an einer Gefängnis-Psychose leiden. Aufgrund derselben glauben sie, daß ihr Gefängnis die ganze Welt sei. Auch ihr selektiver Gedächtnisverlust in bezug auf ihre Vergangenheit ist charakteristisch dafür.

Folglich erinnern sie sich kaum – weder im großen noch im kleinen – an das Dasein außerhalb des Gefängnisses.

Die Geschichte der Mitgefangenen unseres Helden ist Gefängnisgeschichte; ihr Leben ist Gefängnisleben. Sie denken und handeln dementsprechend.

Statt beispielsweise Brot als Notvorrat für die Flucht zu sammeln, kneten sie daraus Dominosteine, um damit spielen zu können. Sie wissen, daß einige dieser Spiele der Ablenkung dienen, andere wiederum betrachten sie als Wirklichkeit. Ratten, die sie zu Kommunikationsmitteln zur Außenwelt abrichten könnten, behandeln sie statt dessen wie Haustiere. Den in der ihnen zugänglichen Reinigungsflüssigkeit enthaltenen Alkohol trinken sie, um erfreuende Halluzinationen hervorzurufen. Sie würden es als klägliche Verschwendung, als ein Verbrechen erachten, falls jemand den Alkohol zur Betäubung der Wächter verwenden würde, um sich auf diese Weise die Flucht zu ermöglichen.

Das Problem wird dadurch erschwert, daß unsere Übeltäter die verschiedenen Bedeutungen einiger alltäglicher von uns gebrauchter Worte vergessen haben. Falls du sie um die Definition von Begriffen wie »Vorrat«, »Reise«, »Flucht« oder sogar »Haustiere« bittest, so wirst du ihnen ungefähr folgende Antworten entlocken:

Vorrat: Gefängnisnahrung
Reise: Sich von einem Zellenblock zum andern begeben
Flucht: Bestrafung durch die Wärter vermeiden
Haustiere: Ratten

»Außenwelt« würde in ihren Ohren wie ein bizarrer innerer Widerspruch klingen. »Da der Ort, wo wir leben, ohnehin unsere Welt ist, wie könnte es dann eine andere Welt draußen geben?« würden sie antworten.

Der Mann, der sich mit dem Befreiungsplan befaßt, kann sich anfangs nur aufgrund von Analogie betätigen.

Wenige Gefangene werden sogar nur seine Analogien akzeptieren, da sie ihnen als verrücktes Geschwätz erscheinen.

Wenn er sagt: »Wir benötigen Proviant für unsere Flucht in die Außenwelt«, dann wird ihnen dies genauso als Geschwätz erscheinen wie der nachfolgende Unsinn:

»Wir benötigen Vorräte – Nahrung zum Verzehr im Gefängnis – für unsere Reise – um uns von einem Zellenblock zum anderen zu begeben – für die Flucht – um Bestrafung durch die Wärter zu vermeiden – für die Außenwelt – für das Gefängnis draußen ...«

Einige der vernünftigeren Gefangenen mögen sagen, daß sie das, was er meint, begreifen möchten. Aber sie verstehen die Sprache der Außenwelt nicht mehr ...

Wenn dieser Mann stirbt, erheben einige von ihnen dessen Worte und Taten zu einem Gefängniskult. Sie benutzen letzteren zu ihrem Trost und um Argumente gegen den nächsten Befreier zu finden, der es fertigbringt, zu ihnen zu gelangen.

Einer Minderheit jedoch gelingt von Zeit zu Zeit die Flucht.

Prüfung

Ein persisches Sprichwort lautet: »Zu prüfen, was schon geprüft worden ist, bedeutet ›Unwissenheit‹.«

Der Versuch, etwas ohne die entsprechenden Mittel zu prüfen, ist sogar noch schlimmer.

Ich weiß das schon

Eine der weitverbreitetsten Entschuldigungen, um etwas nicht richtig zu lernen, ist der Glaube, daß man es bereits wisse.

Falls du jemandem, der dir etwas erklärt – und der um deine Interessen weiß und zu lehren versteht –, sagst: »Ich weiß das!«, so gibst du dich dieser nahezu unbewußten Handlungsweise hin.

Ohne Kommentar

Eines Tages war ich von einem angesehenen Psychiater nach Hause eingeladen worden.

Er empfing mich in seinem Studierzimmer, wo sich noch ein weiterer Gast befand.

Während wir uns im Studierzimmer aufhielten, zeigte sich dieser Mann äußerst redselig. Wir begaben uns in ein anderes Zimmer, um uns einige Tonbandaufnahmen anzuhören. Der andere Gast störte wiederholt, indem er seine Meinung dazu äußerte.

Während des Nachtessens bestritt derselbe Mann allein die gesamte Unterhaltung.

Nach dem Essen redete und redete er, während wir im Salon beim Kaffee saßen.

Schließlich verabschiedete er sich; ich blieb noch, um mit meinem Gastgeber einige Dinge fertig zu besprechen.

Ich sagte zu ihm:

»Dieser Mann redete sehr viel während unseres Aufenthaltes im Studierzimmer.«

»Ja«, antwortete der Psychiater, »weil er Sie nicht kannte und nervös war.«

»Aber er redete auch eine Menge, während wir uns die Tonbandaufnahmen anhörten.«

»Ja, weil Sie für ihn eine Konkurrenz bedeuteten.«

»Und er redete während des ganzen Nachtessens.«

»Ja, weil meine Frau anwesend war und er sich auf diese Weise zwangloser fühlte.«

»Und dann dieses Gerede nach dem Essen, während wir Kaffee tranken.«

»Ja, weil der Salon recht groß für ihn war, und er glaubte, daß er ihn zum Ausgleich mit seiner Stimme zu füllen hätte.«

Ich sagte: »Ich vermute, daß er in einem sehr kleinen Zimmer eine Menge reden würde, weil er sich dort eingeengt vorkäme.«

»Ja«, erwiderte der Psychiater, »das ist eine logische Annahme.«

Sachzwänge

Mach es dir zur Aufgabe, in deinem Leben und in deiner Umgebung folgendes zu beobachten:

Wachstum, Entwicklung und Auswirkung formloser Sachzwänge werden aufgrund der im Alltag vorhandenen dürftigen Mittel zu deren Feststellung und Gradmessung nur selten als solche erkannt.

Tyranneien dieser Art zeichnen selten durch Waffen, Clubs, zentralisierte Propagandamaschinen, Uniformen oder erkennbare Amtspersonen aus.

Falls du ein Experiment durchführst und dabei irgendeine Erwartung hegst, so wird diese Erwartung zu einem Sachzwang, dessen Bestreben, dich zu gewissen Schlußfolgerungen zu führen, in Betracht gezogen werden muß. Gewisse Sitten, gesellschaftliche Zwänge, persönliche Voreingenommenheiten, ja sogar individuelle Entscheide können sich in deinem Leben zu Sachzwängen entwickeln.

Einer der Gründe, warum der Mensch gegen das ankämpft, was er als unerwünscht empfindet, ist die Tatsache, daß er unbewußt die zwingenden Einflüsse in seiner Umgebung und in sich selbst erkennt. Er wählt sodann eine absehbare Form dieser Zwänge aus, um sein Bedürfnis, sich denselben zu widersetzen oder sie zu verhindern, zu befriedigen.

Indem er so handelt, hat er allerdings bloß in Prinzipienreiterei gemacht.

Meinungen, Umstände, das soziale Milieu, hunderterlei Dinge können sich als ebenso mächtige Sachzwänge erweisen wie irgend etwas, auf das der Mensch als Beispiel für »Despotismus« oder »Tyrannei« hinweisen kann.

Falls du gegen Tyrannei bist, mußt du, um konsequent zu sein, gegen jegliche Form von Tyrannei ins Feld ziehen: nicht bloß gegen sogenannte »Knüttelwerfer«.

Eine Folge von falsch verstandenen Ideen oder Praktiken kann zu einer derartigen Tyrannei werden. Eine Gruppe von Menschen, die einander mit größter Freundlichkeit behandeln, dabei jedoch solche Praktiken anwenden oder andere für ihre Entwicklung unzuträgliche Tätigkeiten ausüben, sind eine »Wirkstätte« dieser Art.

Die Tyrannei der Ideen und Praktiken ist weitaus heimtückischer und wirkungsvoller als jene der offen als solche anerkannten repressiven Institutionen, da sich die Betroffenen ihrer Unfreiheit nicht gewahr sind. Der Extremfall, jener, der seine ganze Zeit damit verbringt, »ich sage euch, ich bin frei!« zu rufen, ist aus Zeitmangel nicht frei, etwas anderes zu tun, als »ich bin frei!« zu rufen.

Gewisse Sachzwänge sind für die Betroffenen unerläßlich geworden. Leute mit beeinflußter Gesinnung oder beschränktem Denk- und Handelsbereich sind im Hinblick auf ihre Freuden von den Belohnungen abhängig, die sie für den Gehorsam gegenüber Sachzwängen erhalten. Falls dieser Gehorsam in die Form von »Ungehorsam« gekleidet ist, glauben sie, keinem Zwang zu unterliegen.

Solche Menschen können keinen direkten Fortschritt in Richtung ihrer eigenen geistigen Befreiung tun. Ihre Welt muß eine Erweiterung erfahren – und muß auch als größer wahrgenommen werden –, ehe sie einen Schritt über ihren engen Lebensraum hinaus tun können.

Keine Unterdrückung ist so stark wie jene, die sich der Mensch im Namen der Selbstbefreiung selber auferlegt. Da er die Unterdrückung keiner äußerlichen Quelle zuschreiben kann und da er nicht wahrzunehmen vermag, wie er sich selber unterdrückt, ist es sehr wohl möglich, daß er verloren ist. Er steht bereits unter dem Zwang des Mottos »Sklaverei ist Freiheit«. Es ist sehr bezeichnend für diesen Zustand, daß der Mensch den Verlust der Freiheit fürchtet, während er sie bereits verloren hat. Er tut dies, weil er – wie ein Kind – bei einem Verlust lediglich vorgibt, daß er etwas verlieren *könnte* – was miteinbezieht, daß er es nach wie vor besitzt.

Wir brauchen diesbezüglich weder über sozialen Einfluß, Politik noch Wirtschaft, ja nicht einmal über Soziologie zu diskutieren. Der einzelne sowie ganze Gruppierungen von Menschen müssen lernen, daß sie die Gesellschaft weder richtig erneuern noch anderen gegenüber vernünftig handeln können, ehe nicht jeder die verschiedenen Zwangsmuster – formale und informale –, die ihn beherrschen, zu plazieren weiß. Was immer ihm sein Verstand auch sagen mag; er wird stets zur Unterwerfung gegenüber einem Sachzwang neigen, solange er dessen Muster in sich trägt.

Das ist der Grund, weshalb man auf Leute trifft, die sich von einem Glaubens- oder Verhaltenssystem zu einem andern bekehrten: sie sind sich der Unzulänglichkeit des ersten Systems bewußt und können nun vorgeben, daß das zweite – weil ihm nicht jene äußeren Mängel anhaften, an denen sie Anstoß nehmen – »wahr« sei, falls das vorhergehende »nicht wahr« gewesen ist.

Das Studium der Sachzwänge und deren Einfluß auf den Menschen ist das, was ich in diesem Zusammenhang als Bestreben bezeichnen würde.

Glück

Es heißt: »Wenn das Glück an die Türe klopft, so öffne.«

Aber warum sollte man das Glück an die geschlossene Tür klopfen lassen?

Einige wenige Meilen

Hast du schon bemerkt, welchen Unterschied einige Jahre oder einige wenige Meilen auf eine Sache bewirken können?

Soviel man weiß, hat Wilhelm Tell – der Schweizer Held – nie gelebt. Seine Geschichte ist jedoch in Faridudin Attars Parlament der Vögel zu finden. Der nur wenige Meilen von der Türkei entfernte zentralasiatische Haji Bektash wird im Balkan zu »Hartschi Petesch«. Die Himmelfahrt Mohammeds wird zur Quelle, aus der Dante schöpft.

Als du erfahren hast, daß die biblischen »Drei Könige« in der Bibel überhaupt nicht vorkommen, hast du dich dann jemals gefragt, wie Vorstellungen, an denen man festhält oder die einen beeindrucken, ihren Anfang genommen haben?

Zumindest wird in Japan der Name »Tupiraita« nach wie vor für eine Schreibmaschine verwendet, und »Smoking« bedeutet in Frankreich »Dinner-Jacket«. Aber warum sollte der »Derwisch« in der englischen Sprache zum »religiös Besessenen« werden?

Diese Art literarischer Darlegung dürfte genauso die Entstellung von Gedanken aufzeigen, wie deren ursprüngliche Definition richtigstellen.

Wenn du dir des entstellenden Prozesses gewahr bist, wirst du ihm entgehen können, und zwar nicht dadurch, daß du dich einfach darauf verläßt, durch die Ergebnisse anderer Nachforschungen genährt zu werden. Diese mögen, wie du weißt, Dinge übersehen haben, die für dich von Bedeutung sein könnten.

Wenn der Derwischlehrer Turabi so eindrucksvoll ist, daß sogar sein verstümmelter Name zu einem Totem wird, was geschah denn mit seiner ursprünglichen Wirksamkeit? Willst du den Totem oder jenen Teil, dem mehr als eine bloß suggestive Wirkung innegewohnt hat?

Sicherheit und Reue

»Lieber Sicherheit als Reue« ist nur dann eine stichhaltige Äußerung, falls man tatsächlich zwischen den beiden zu wählen hat.

Idole

Hast du bemerkt, wie haushälterisch die Menschheit mit ihren Idolen umgeht?

Sie errichtet sie, erfreut sich an ihnen, fällt über sie her und verschlingt sie, bis nichts mehr von ihnen übrigbleibt.

Sogar der vollständige Verschleiß des Idols – falls es sich dabei um ein anderes Menschenwesen handelt – bedeutet nicht das Ende. Es lohnt sich, danach noch jahrhundertelang zu argumentieren und zu analysieren.

Versprechungen

Versprich nie etwas – auch nicht in Form einer Folgerung –, ohne dein Versprechen zu erfüllen.

Die einzig annehmbare Alternative bei der Vollendung eines Unternehmens besteht darin, mehr zu tun, als seiner Verpflichtung nachzukommen.

Ein Versprechen ausdrücklich oder auf andere Weise zu verraten, wird dir mehr schaden, als es jemand anderem schaden könnte.

Systeme des Wissens

Kein System ist von Nutzen, wenn du es bloß besitzest. Besitz erfordert Handlung.

Kein System ist nützlich, wenn man damit lediglich Versuche anstellen kann. Damit sich ein System als brauchbar erweist, muß damit richtig umgegangen werden.

Die Mittel zur Handhabung eines Systems müssen mit den zeitgenössischen Bedürfnissen übereinstimmen. Es sollte nicht nachahmend traditionalistisch sein.

Die Mängel eines Systems sollten nicht mit menschlicher Unzulänglichkeit verwechselt werden. Die Leute können gewisse Dinge nicht erlangen, es sei denn, sie besitzen die Mittel dazu.

Ein System kann sich für eine Abfolge von Umständen als vollkommen erweisen, für eine andere als mangelhaft.

Der Besitz eines Systems oder eines Teils davon, Interesse dafür oder die Entdeckung eines Systems sollte nicht darauf schließen lassen, daß einem die Genehmigung oder Fähigkeit zu dessen Handhabung zuteil wird.

Die persönliche Kritik an einem System, die Unfähigkeit, damit umzugehen, oder die Unzufriedenheit darüber sollten nicht mit irgendeiner Unzulänglichkeit des Systems verwechselt werden.

Folgerichtigkeit und innerer Widerspruch eines Systems entsprechen stets mehr dem äußeren Erscheinungsbild als der »Wirklichkeit«: denn was zunächst logisch erscheint, mag es von einem anderen Standpunkt aus gar nicht sein.

Mittels dieser Punkte sollte nachdrücklich darauf hingewiesen werden, daß im Hinblick auf ein System Informationen und Gewöhnung bedeutender, lebenswichtiger und dringlicher sind als jeder Versuch, diesem System – um es zu verstehen oder anzuwenden – bereits vorhandene Vorstellungen aufzuprägen.

Erfahrung kommt vor dem Verstehen und vor der Fähigkeit zu handhaben.

Gelegenheit

Jeder Teil unserer Entwicklung als Mensch benötigt die richtige Zeit, den richtigen Ort und die geeignete Gesellschaft.

Ohne diese drei Dinge wirst du so vollkommen sein, wie etwas, dem es an drei wünschenswerten, sich gegenseitig ergänzenden Elementen mangelt: wie eine Pflanze ohne Wasser, Sonne und Erde.

Vorurteil

»Lieber das Vorurteil des Mitfühlenden als die sture Gerechtigkeit des Dummkopfes.«

Noch besser ist die Beseitigung des Vorurteils.

Ein »gütiges« Vorurteil ist dennoch ein Vorurteil.

Der Gerechtigkeitsfanatiker hat ein Vorurteil in bezug auf »Gerechtigkeit«.

Der Vorurteilslose hat keinen Grund zu einem Vorurteil: er besitzt Wissen.

Prinzipien und starre Regeln sind die letzten Bollwerke der Primitiven. Prinzipien stellen Richtlinen dar, die das Wissen ersetzen; Regeln sind dazu erschaffen, jene zu führen, die nicht wissen.

Seit Äonen leben primitive Menschen unter uns, vom pessimistischen Glauben unterstützt, daß Wissen unmöglich sei und somit stets zu Ersatzmitteln gegriffen werden müsse.

Ein Ersatzmittel muß aber nur dann angewandt werden, wenn das Echte nicht verfügbar ist.

Wenn dem Menschen das Echte zu lange versagt bleibt, begehrt er bloß noch das Ersatzmittel.

Dieses Begehren verwandelt allerdings die Ersatzmittel nicht in die echten Dinge.

Unterstützt und hätschelt man den Ersatz mit genügender Ausdauer, so wird er schlußendlich zum Ziel des Suchers. Indem man das Vorhandensein der echten Dinge und der ihm innewohnenden Möglichkeiten unbeachtet läßt, macht man dieselben genauso ungültig, wie wenn es sie praktisch überhaupt nicht gäbe.

Daher dürfen die Wissenden nicht bloß existieren: sie müssen das wahre Vorhandensein des Wissens repräsentieren – wenn zu Beginn gelegentlich auch auf sehr niederer Stufe.

Hüte dich vor Menschen, die sagen: »Wir müssen vorgefaßter Meinung sein, selbst dann, wenn es sich um Vorurteile gegenüber dem Guten handelt.« In der Tat müssen wir aber vorgefaßter Meinung sein, was das Wissen anbelangt: denn nur das Wissen wird das Vorurteil tilgen.

Ruhm und Geld

In unserer Zeit kann Ruhm – ohne daß man sich etwas vergibt – zu Geld gemacht werden.

Geld kann auch zu Ruhm gemacht werden – aber nicht unter denselben Bedingungen!

Ein Motto der Menschheit

Sag mir, was ich tun soll – aber sag mir das, was ich hören will.

General Gordon

Diese Geschichte handelt von einer berühmten Statue – einst eine der Sehenswürdigkeiten von Khartoum –, die General Gordon auf einem Kamel sitzend darstellt.

Besagte Statue wurde zum erklärten Liebling eines dreijährigen Knaben; und sein Kindermädchen pflegte mit ihm, als Teil eines täglichen Spazierganges, bei General Gordon vorbeizugehen, um ihm guten Tag zu sagen.

Es kam der Tag, an dem die Familie den Sudan verließ, und das Kindermädchen ging mit dem kleinen Knaben zu General Gordon, um sich von ihm zu verabschieden.

Nachdem er lange vor der Statue gestanden und sie betrachtet hatte, sagte er: »Lebewohl, General Gordon, ich werde dich lange nicht mehr sehen.«

Dann wandte er sich von dem auf dem Kamel sitzenden Reiter ab, blickte sein Kindermädchen an und fragte:

»Nanny, wer sitzt auf dem Rücken von General Gordon?«

Diese Geschichte könnte sehr gut wahr sein. Sie veranschaulicht – so gut wie irgendeine andere – die Art und Weise, wie Leute gewisse Dinge im Hinblick auf »Wissen« voraussetzen, ohne sich dabei jemals vorzustellen, daß ihre Ansicht mit den wahren Umständen gar nicht übereinstimmen könnte. Gelegentlich geschieht es – wie in diesem Fall – beinahe zufällig, daß man genau erkennt, was der Betreffende verkehrt gesehen hat, obgleich es offensichtlich sein mag, daß er sich darüber nicht im klaren ist.

Wie beim Kamel General Gordons stellen sich die Leute oft vor, daß das Mittel zur Beförderung einer Lehre die Lehre selbst darstelle. Aus diesem Grunde fahren sie fort, das Äußere der Individuen, bloße Worte, Übungen oder Theorien umzudrehen. Was dabei zählt, ist die Wirkung, nicht die Erscheinung einer Sache.

Wie unser kleiner Junge, so mag der Studierende etwas wahrnehmen, was ihn dazu veranlaßt, eine Frage zu stellen, die alles aufklären könnte. Und die Auskunft – der er in einem andern Zusammenhang zugetan ist – mag unwillkommen sein.

Tot und lebendig

Es ist schade, daß ein Tabu besteht, das uns am Erforschen dieser Tatsache hindert. Dennoch läßt sich feststellen:

Viele Menschen, die klinisch, geistig und gefühlsmäßig zu den Lebenden gehören, sind in gewisser Hinsicht bereits seit Jahren gestorben.

Die Leute fürchten sich, über diesen Gedanken zu sprechen, da es sich herausstellen könnte, daß sie diesen »Verstorbenen« zuzurechnen sind. Aus diesem Grunde sagen sie, daß eine derartige Auffassung lächerlich sei.

Diese Leute brauchen sich nicht zu beunruhigen, denn falls sie zu der erwähnten Sorte Menschen gehören, werden sie es nie herausfinden.

Gut und Schlecht

Bezeichne niemand als »gut« oder »schlecht«, ehe du ihn insgeheim beobachtet hast.

Bei genügend langer Beobachtung oder unter günstigen äußeren Lebensbedingungen kannst du viel sehen, das dir zeigt, wie ein Mensch wirklich ist.

Dennoch impliziert dieses Wissen keine Erlaubnis, diesem Menschen ablehnend gegenüberzustehen.

Denken

Ein großer Teil des Denkens ist bloß Ersatz für jene Gedanken, die dem einzelnen zu diesem Zeitpunkt wirklich nützlich erscheinen würden.

Worte und Auskünfte

Worte werden öfters dazu verwendet, Auskünfte zu verschleiern, statt sie zu übermitteln.

Menschen, die am heftigsten danach trachten, zu kommunizieren – oder dies zu tun glauben –, verhindern im allgemeinen die Kommunikation.

Beweisführung

Möchtest du einen gesellschaftlich-konditionierten Menschen in Augenschein nehmen, der alles, was ihm widerfuhr, dem Wirken einer höheren Macht zuschreibt?

Du brauchst dir bloß neun von zehn »hingebungsvollen« Menschen anzuschauen.

Gut

Zeig mir einen Menschen, der glaubt, daß er wisse, was »gut« sei, und ich werde dir wahrscheinlich ein Greuel von einem Menschen zeigen können.

Zeig mir einen Menschen, der wirklich weiß, was »gut« ist, und ich werde dir zeigen, daß er dieses Wort beinahe nie gebraucht.

Der Mensch

Stoß ihn – er wird dir verzeihen. Schmeichle ihm – vielleicht wird er dich durchschauen, vielleicht auch nicht.

Aber schenke ihm keine Beachtung, und er wird dich hassen – selbst wenn er dies bis zu seinem Tode zu verbergen weiß.

Höflichkeit und Wahrheit

Höflichkeit und das Äußern der Wahrheit stehen – wie wir alle wissen – oft im Gegensatz zueinander.

Jede Gesellschaft, die es ihren Mitgliedern zur Pflicht macht, beidem treu zu bleiben, betrügt sich selbst.

Jegliche Art von Kompromiß ist dazu erfunden worden, diese Grundschwäche zu übergehen oder zu verbergen. Dennoch bleibt sie bestehen.

Dies will keine Aufforderung sein, sich von der Höflichkeit oder von der Wahrheit loszusagen. Es handelt sich um eine Feststellung, über die man sorgfältig nachdenken sollte.

Die Mühe hinter einer Lehre

Mit unvollständiger Belehrung aufgewachsene Durchschnittsmenschen haben keine Vorstellung vom Ausmaß der Arbeit, die dem Auftreten und der Wirkung eines großen historischen Ereignisses vorausgehen.

Es ist daher keineswegs erstaunlich – wenn auch nach wie vor lästig –, daß diese Menschen sofortige und wunderbare Ereignisse, Erfolge, Fortschritte erwarten.

Auf die Dauer triumphieren sie natürlich, weil sie es sind, welche die Geschichte schreiben, über das Leben der Heiligen berichten und die Schriften auslegen.

Die Struktur eines Systems

Beobachte eine Autoritätsperson, ein »ewig rechtsgültiges Schrifttum«, eine Hierarchie, Gebote und Verbote.

Weißt du, was du siehst – wie dessen Name auch immer lauten mag?

Du siehst die Struktur eines konditionierten Systems. Auf dieser Stufe zeigt sich keine höhere Nützlichkeit.

Um eine höhere Nützlichkeit zu erlangen, muß, getrennt vom Äußeren, danach gesucht werden. Abhängigkeit von Totems, Schlagwörtern und »Ratgebern« ist diesem Prozeß bloß hinderlich, wie nützlich dieses Zubehör für andere Zwecke auch sein mag.

Erklärung ist nicht Meinung

Eine der Tragödien unserer Zeit besteht darin, daß die Menschen glauben, daß etwas in der Vergangenheit Geäußertes – vielleicht zu erklärenden oder herausfordernden Zwecken – in der Tat die damalige Meinung dessen darstelle, der diese Äußerung getan hatte.

Arbeit

Wenn du für unterschiedliche Dinge denselben Namen verwendest, schaffst du Verwirrung.

Dies gilt auch, falls du jede Art von Beschäftigung als »Arbeit« bezeichnest.

Wenn du weniger arbeitest, als es deiner Leistungsfähigkeit entspricht, arbeitest du nicht.

Falls du dich mit etwas beschäftigst, das du nicht kannst, arbeitest du nicht.

Wenn du mit – oder ohne – Freude arbeitest, aus Notwendigkeit usw., so kannst du dafür bloß die eine Bezeichnung »Arbeit« verwenden – und folglich bist du unfähig, das zu beschreiben, was du tust.

Zeit

Die Leute beklagen sich, daß sie zuwenig Zeit hätten, daß die Stunden zu schnell vorübergingen.

Scheint die Zeit aber langsam zu vergehen, so beklagen sie sich, daß sich die Stunden dahinschleppten.

Laßt uns über die Leute nachdenken und nicht über den mutmaßlichen Lauf der Zeit.

Unterrichten

Beginne keinen Blinden zu unterweisen, ehe du nicht geübt hast, mit geschlossenen Augen zu leben.

Tugenden

Moral ist gesellschaftlich bedingt. Menschliche Tugend ist nicht dieselbe wie jene einer anderen Sphäre. Gelegentlich sind die beiden jedoch gleichlaufend.

Selbstbeherrschung

Der ursprüngliche Zweck, Selbstbeherrschung zu üben, besteht darin, daß man schließlich keine Selbstbeherrschung mehr nötig haben wird.

Wissen

Wie seltsam, daß ein Mensch, der mit seinen Fingern nichts als Luft umfaßt, so oft glaubt, daß er einen Rubin in Reichweite habe.

Inneres Wissen

Du willst mit einer Lektion weise werden: Werde zuerst ein wahrer Mensch.

Meditation

Ehe du lernst, wie man meditiert, mußt du vergessen, was deiner Meinung nach Meditation sein könnte.

Intellektuelle

Der selbstgestrickte Intellektuelle belächelt den Respekt, den bescheidene Menschen gewissen Dingen entgegenbringen.

Aber wenn du Einfältigkeit deutlich sehen und dazu noch ein Feuerwerk erleben willst, dann greife die heiligen Kühe der Denker an.

Du wirst dann sehr wahrscheinlich vorgeführt bekommen, was mit den Worten »sich wie ein Rasender gebärden« gemeint ist.

Vier Suchende

Das Oberhaupt einer Schar von Suchenden entdeckte ein Buch. Er und seine Anhänger studierten dieses Buch, und sie vergaßen, daß ein Weg noch nicht das Ziel war.

In einem anderen Fall fand der Führer einer Gruppe von Derwischen Wolle. Jahrelang betätigten sie sich mit Wolle.

Der Führer eines weiteren Kreises entdeckte die Wirksamkeit der Pflanzen, und er unterwies seine Gefährten in Pflanzenkunde.

Der Nachfolger eines gewissen Lehrers, der sich bloß die Kenntnisse der Holzbearbeitung angeeignet hatte, unterrichtete seine Schüler in dieser Fertigkeit.

Alle beschäftigten sich mit ihren Materialien. Das Buch wurde auswendig gelernt, und man versuchte, dessen Prinzipien im Alltag anzuwenden. Die Wolle wurde gesponnen und zu Garn verarbeitet; die Pflanzen sind kultiviert und zum Färben verwendet worden. Aus dem Holz verfertigte man die verschiedensten Gegenstände.

Dann kam ein Wissender. Er rief die vereinzelten Gruppen zusammen und sagte zu ihnen:

»Ihr besitzt die Materialien. Nun will ich euch zeigen, wie man mit Hilfe von eurer Erfahrung und meinem Wissen einen Teppich herstellen kann.«

Aber nur wenige konnten sich von der Wolle, dem Holz, den Pflanzen und dem Buch trennen.

Diese wenigen wurden Teppichmacher.

So ist es auch mit dem Sufiwissen. Indem man die einzelnen Teile zusammenfügt, entsteht das Ganze. Aber die Menschen aus Holz wollen mit Holz arbeiten. Das wäre gar nicht so übel, wenn man das Holz an den Mann bringen könnte.

Was und von wem?

Erwartest du Milch von einer Biene, Honig von einem Huhn oder Eier von einer Kuh?

Diese Gedanken sind absurd. Aber wie viele Leute überlegen sich, daß sie Unmögliches fordern, ehe sie Auskunft und Belehrung von Unwissenden erbitten?

Der Grund, warum sie sich keine Überlegungen dieser Art machen, liegt darin, daß sie weder Auskunft noch Wissen oder Belehrung suchen. Sie fragen um der Unterhaltung willen, zum Zeitvertreib, um die Aufmerksamkeit auf sich zu lenken.

Dies ist der Grund, warum – wie wir alle aus Erfahrung wissen – die Menschen oft genug um Rat fragen, letzteren aber nicht befolgen, wie gut er auch sein mag. Der Zweck dieser »Transaktion« besteht nicht darin, Rat zu suchen.

Und dies ist der Grund, warum die Sufis oft nicht beliebt sind. Da es nicht unbedingt zu ihren Pflichten gehört, verschleierte Therapien durchzuführen, machen sie möglicherweise bei Scheinhandlungen dieser Art nicht mit. Und das lieben die Leute ganz und gar nicht.

Dschelaluddin Rumi
Sieh! Das ist Liebe
Gedichte

Aus dem Persischen von
Annemarie Schimmel

*108 Seiten mit 18 Illustrationen von
Ingrid Schaar, gebunden*

Die in rhythmischer Sprache abgefaßten Verse dieses Buches dichtete Rumi – von einem Wanderderwisch inspiriert, der für ihn die Spiegelung der göttlichen Liebe war – als höchsten Ausdruck seiner Liebe zu Gott: sie sind ein Widerhall der wunderschönen Tänze, die von Rumi initiiert wurden und noch heute von den »Drehenden Derwischen« praktiziert werden.

Ausgesuchte Verse des größten Mystikers des Sufismus, die Annemarie Schimmel kongenial ins Deutsche übersetzt hat.